DER KLEINE BUCH VERLAG

Das Buch

300 Jahre Geschichte der Fächerstadt Karlsruhe beflügeln die Fantasie. Hier spielen sie, die packenden Geschichten von Eifersucht, Machtstreben und Freundschaft. Ob in Durlach, der Beiertheimer Allee, auf dem jüdischen Friedhof, in der Krypta unter der Pyramide oder im Schloßpark. In diesem ganz eigenen Kosmos tummeln sich die handelnden Personen: von der Metzgerstochter über das Dienstmädchen im Barock, vom ehrwürdigen Richter über kluge Polizisten bis hin zu einer gepeinigten Schwiegertochter und zwei Jungen, deren tiefe Freundschaft das Dritte Reich überdauert. Lernen Sie sie kennen und sehen Sie Karlsruhe in einem neuen Licht.

Die Herausgeberin

Greta Wallenhorst ist Verlagsfrau mit Leib und Seele. Schon seit ihrem Studium der Angewandten Sprachwissenschaft beschäftigt sie sich mit Sprache, Texten und Geschichten. Sie ist seit vielen Jahren im Verlagsgeschäft tätig, zunächst als Redakteurin, dann als Marketing- und schließlich als Bereichs- und Programmleiterin. Darüber hinaus arbeitet sie als freie Journalistin. Sie lebt in Heidelberg und Norddeutschland.

Die MordsSerie – Bisher erschienen:

MordsKüche: Eiskalt um die Ecke serviert, ISBN: 978-3-942637-15-2
MordsUrlaub: mörderische See(n) und eiskalte Berge, ISBN: 978-3-942637-20-6
MordsSchule: Wenn Pauker morden und Schüler lynchen, ISBN: 978-3-942637-46-6

MordsKarlsruhe

Von Tulpenmädchen, Richtern und anderen Bürgern

Kurzkrimis

Hrsg.

Greta Wallenhorst

Der Kleine Buch Verlag

Die deutsche Nationalbibliothek verzeichnet diese Publikation in der Deutschen Nationalbibliografie; detaillierte bibliografische Daten sind im Internet unter www.dnb.de abrufbar.

Greta Wallenhorst, MordsKarlsruhe – Von Tulpenmädchen, Richtern und anderen Betrügern

Der Kleine Buch Verlag, Karlsruhe

© 2015 Der Kleine Buch Verlag, Karlsruhe

Redaktion & Lektorat: Greta Wallenhorst
Redaktionsassistenz: Lenka Wagner, Der Kleine Buch Verlag, Karlsruhe
Korrektorat: Tatjana Weiß, Der Kleine Buch Verlag, Karlsruhe
Umschlaggestaltung, Layout & Satz: Sonia Lauinger
Umschlagfoto: David Leuck
Druck: PRESSEL, D – 73630 Remshalden

ISBN: 978-3-942637-53-4

http://www.derkleinebuchverlag.de
http://www.facebook.com/DerKleineBuchVerlag

Vorwort

Liebe Krimifreundin, lieber Krimifreund,

*Karlsruhe, die zweitgrößte Stadt in Baden-Württemberg,
liegt idyllisch in der oberrheinischen Tiefebene, nur einen
Steinwurf von Kraichgau und Schwarzwald entfernt.
Doch Sie ahnen es schon: Die Idylle trügt, wie unser
„kriminalistischer" Blick hinter die bürgerliche Fassade der
ehemaligen Haupt- und Residenzstadt zeigt.
Sie werden staunen, was da zu Tage kommt!
Von badischer Gemütlichkeit und Gelassenheit bleibt
jedenfalls keine Spur. Dafür sorgen auch im vierten Band
der „Mords-Reihe" die fesselnden Kurzkrimis unserer
Autorinnen und Autoren. Sie stellen Ihnen Menschen vor,
die Sie anrühren, faszinieren oder Ihnen einen Schauer über
den Rücken jagen und entführen Sie in ganz unterschiedliche
Stadtteile, Epochen und Situationen.*

Viel Spaß bei diesem Rundgang der besonderen Art.

*Ihre
Greta Wallenhorst*

Inhalt

ROBERT ALLEGRO

DIE AKTE RUBEN

Beim Räumen ihres Schreibtisches und dem Einsortieren der Akten in das Archiv fiel sie ihr in die Hände: die Hängeregister-Mappe des ungelösten Falls, zwei Daumen dick, an den Rändern ausgeblichen. Seit 31 Jahren und einigen Monaten arbeitete sie als Ermittlerin bei der Kripo Karlsruhe in der Hertzstraße.

Heute war ihr letzter Arbeitstag.

Unzählbare Fälle waren über diesen Schreibtisch, durch ihre Hände gegangen. Diese Routine hatte kaum Erinnerungen bei ihr hinterlassen. Irgendwann wiederholten sich die Fälle, sie schleppte sich durch jede neue Ermittlung, bis sie nur noch an diesen Tag denken konnte, den letzten, den Aufräumtag: der Start ihres neuen Lebens, raus aus dem miefigen Amt.

Letzte rutschende Schritte über den gebohnerten Terrazzo-Boden des schummrigen Gewölbe-Flurs, durch die wuchtige Eichenholztür, hinein in das Leben.

Zwei Dinge bremsten ihre Euphorie: ihre Arthrose, rechtes Knie und ihr Ehemann, der sie seit 24 Jahren mit seinen dümmlichen Pensionsberechnungen nervte, den sie wohl einfach nicht mehr ertragen konnte. Das waren Details, die sie schon länger auf die Seite schob, verdrängte.

Jetzt aber gingen ihre Gedanken auf eine Zeitreise. Die Akte hatte den Pfropf zwischen Gedächtnis und Bewusstsein gelöst. Sie begann zu blättern. Nach dem Deckblatt mit Registratur-Nummer und Bearbeitungshistorie folgte die schreibmaschinengeschriebene Vermisstenanzeige. Hans-Peter Reismehl und seine Ehefrau Jasmin Vothan-Reismehl aus Rüppurr gaben am späten Frühlingsabend des 12. April 1997 zu Protokoll, dass ihr 7-jähriger Sohn Ruben Vothan nicht wie üblich am späten Nachmittag aus dem Kinderhort nach Hause gekommen war.

Es folgten Vernehmungsprotokolle der Betreuer des Horts, der Nachbarn, der Lehrer, der Eltern, der Verwandten und der

Schüler seiner Klasse. Dem Fahndungsaufruf war ein Foto des Jungen angeheftet. Das Presseecho war enorm gewesen, die Hilflosigkeit der Ermittler unfassbar.

Die mumifizierte Leiche des, zum Zeitpunkt des Verschwindens mit einer verwaschenen blauen Jeans, einem roten T-Shirt mit einem DarthVader-Portrait und braunen Sandalen bekleideten, blondhaarigen Jungen, wurde exakt 4 Jahre und 6 Monate später an der Alb zwischen Weiherfeld und Dammerstock, im dichten Ufergestrüpp, vom Schäferhund eines spazierenden Rentnerehepaars gefunden.

Viereinhalb Jahre war er verschwunden. Alle Umfeld-Befragungen und Analysen hatten immer verwirrendere Erkenntnisse zu Tage gefördert. Ohne den Fund der Leiche lag ein dichter Nebel aus Spekulation und Mutmaßung über diesem Fall.

Die Jahre während Ungewissheit hatte die Eltern gequält, zerstört und die Gewissheit über den Tod des Jungen nach dem Fund der Leiche hatte ihnen den letzten Lebenswillen genommen.

Als sie zwei Monate später auf der A8 von Karlsbad kommend kurz vor der Überleitung auf die A5 frontal mit einem wahrscheinlich in Selbstmordabsicht rasenden Falschfahrer zusammenstießen, war eine Stufe der Tragik erreicht, mit der kaum noch jemand umgehen konnte.

Die gemeinsame Beisetzung des Jungen und seiner Eltern auf dem Beiertheimer Friedhof, von Hunderten Besuchern flankiert, wirkte wie eine Großdemo gegen die Ungerechtigkeit des Lebens.

Es folgte die Zeit des Verdrängens. Die Ermittlungen waren zwar intensiv wieder aufgenommen, der Leichnam mit modernsten forensischen Methoden analysiert, der Zeitraum zwischen Verschwinden und prognostiziertem Todeseintritt rekonstruiert worden. Es ergab sich aber nicht der Hauch eines Anhaltspunktes.

Für die lokale Presse, für die überregionale noch wesentlich schneller, war das Thema erledigt. Wer wollte sich auch mit einem Schicksal dieses Ausmaßes wiederkäuend auseinandersezten.

Eine winzige Kleinigkeit in Form eines geringelten Schamhaars, versteckt in eben jener Jeans des kleinen Opfers, war wohl übersehen worden, schrieb sie jetzt in routinierter Trance in das Formblatt zur Beantragung der richterlichen Anordnung einer DNA-Analyse und damit zur Wiederaufnahme der Ermittlungen in diesem mysteriösen Fall.

Hinzu fügte sie den Hinweis auf die Vernehmungsprotokolle von Passanten, die zum fraglichen Zeitpunkt den Weg des Jungen zwischen Weiherfeld und Rüppurr gequert hatten.

Ihr letzter Arbeitstag war beendet.

Beim Umtrunk mit den Kollegen wurde sie von Vorgesetzten für ihren unermüdlichen Fleiß, gerade in Bezug auf diesen ungelösten Fall aus ihrer Jahrzehnte währenden Ermittlungstätigkeit, gelobt.

Was damals noch nicht zur Ermittlungsroutine gehörte, würde in wenigen Tagen umgesetzt werden: Jeder der damals vernommenen Passanten würde zur Speichelprobe aufgefordert und ein DNA-Abgleich mit der Haarprobe erstellt werden.

Und so kam es.

Unter den vernommenen Personen war auch der Name ihres Mannes zu finden, der damals mit ihrem längst verstorbenen Dackel tagein tagaus an der Alb unterwegs gewesen war.

Sie begegneten sich ein letztes Mal auf dem dunklen Flur des Kommissariats.

Er war nach der Feststellung der DNA-Übereinstimmung zum Verhör vorgeführt worden und sie wurde von ihren ehemaligen Kollegen zu ihrer Ehe und ihren Sexualpraktiken vernommen. Freimütig berichtete sie von ihrem unerfüllten Kinderwunsch, von seiner Lustlosigkeit, die sie sich mit dem steigenden Leistungsdruck zur Zeugung erklärt hätte.

Während er von zwei Beamten in das Untersuchungsgefängnis begleitet wurde, trat sie in das gleißende Sonnenlicht des frühen Frühlingsnachmittags.

Die Pressemeldungen überschlugen sich. Sie war eine Heldin. Endlich würde Gerechtigkeit walten.

Der Orthopäde in der Karlstraße, bei dem sie kurz darauf einen Termin hatte, erklärte ihr, dass heutzutage die Behandlung einer Kniearthrose kein großes Problem mehr darstelle, ein kleiner arthroskopischer Eingriff werde in ihrem Fall zu beschwerdefreiem Gehen verhelfen.

Sie griff in ihrer Handtasche nach einem Papiertaschentuch, um die kullernden Tränen aufzunehmen und ihre Nase zu schnäuzen. Zwei geringelte Schamhaare fielen mit dem Taschentuch in den Papierkorb.

Sie war glücklich, ihre Probleme waren gelöst, ihr neues Leben hatte begonnen.

Das neue Elefantenhaus

Herta saß an ihrem Frisiertisch und schwenkte die Hände, um den himbeerroten Nagellack trocknen zu lassen. Im Spiegel sah sie, wie Rolf hereinkam. Langsam trat er neben sie und blieb mit hängenden Schultern stehen. Er schaute sie aus glänzenden Augen an und sprach langsam und stockend.

„Tante Thea ist heute Nacht gestorben."

„Oh, wie traurig", log Herta und versuchte betrübt auszusehen.

„So plötzlich. Dabei war sie doch gesund."

„Sie war immerhin über 90. Da kann jederzeit das Herz aufhören zu schlagen." Herta betrachtete liebevoll die kleine Phiole, die unauffällig, geradezu unschuldig, zwischen den Fläschchen, Ampullen und Röhrchen auf dem Toilettentisch stand. Sie ließ Rolfs Worte an sich vorbeirauschen und dachte an das Erbe. Es mussten mindestens drei Millionen sein, wenn sie Glück hatte sogar fünf. Vor ihrem geistigen Auge erschienen eine Villa am Hang in Durlach, eine Doppelgarage mit einem Porsche und einem Jaguar, ein beheizter Swimmingpool und ein Park mit alten Bäumen und einem Gewächshaus, in dem sich exotische Pflanzen rankten. Sie griff nach einem Flakon und bestäubte sich mit schwülem Orchideenduft.

Plötzlich horchte sie auf. „Was hast du gesagt?"

„Dass so wenigstens die Elefanten jetzt doch ihr neues Haus bekommen."

„Hat sie ihr Vermögen etwa dem Stadtgarten vermacht? Ich dachte, du bist der Alleinerbe."

„Bin ich auch, aber ich will es dem Stadtgarten spenden. Tante Thea hätte das auch so gewollt."

„Das ist nicht dein Ernst!" Herta hatte nie verstanden, was er am Stadtgarten fand. Fast täglich ging er dort hin.

„Doch. Die Elefanten bekommen ein neues Haus und die Löwen auch. Dann wird der Stadtgarten doch noch rechtzeitig zum 150. Jubiläum der schönste zoologische Garten Süddeutschlands. Für uns bleibt bestimmt auch etwas übrig. Du wolltest doch immer mal eine Kreuzfahrt machen."

„Willst du mich da vielleicht in deiner speckigen Schimanski-Jacke zum Captain's Dinner begleiten?"

Sie knallte den Flakon auf den Tisch und rauschte hinaus.

„Ich habe nicht meine besten Jahre in dieser langweiligen Ehe vergeudet, um jetzt leer auszugehen!", zischte sie, nachdem sie die Tür hinter sich zugeschlagen hatte.

Bisher hatte sie von Rolf noch immer bekommen, was sie wollte. Wenn sie ihn nur lange genug umgarnt hatte.

Sie gurrte und säuselte. Sie kaufte ihm seinen Spätburgunder und kochte ihm seine Maultaschen. Wenn er von der Arbeit kam, erwartete sie ihn mit einer Tasse frisch aufgegossenem Earl Grey und Petits-Fours aus der Pâtisserie Ludwig. Sie kaufte sich eine Jahreskarte und begleitete ihn auf seinen Spaziergängen im Stadtgarten. Sie wandelte mit ihm durch den Rosengarten und den Japangarten, sie fuhr mit ihm Gondoletta, und sie langweilte sich vor den Gehegen von Eisbären, Giraffen und Schimpansen. Am ehesten konnte sie noch den Leoparden etwas abgewinnen, die könnte man immerhin zu einem mondänen Pelzmantel verarbeiten. Rolfs Lieblingstiere aber waren die Elefanten. Stunden verlungerte sie mit ihm vor ihrem Gehege und gab vor, seinen Ausführungen über sie interessiert zu lauschen. Sie lernte sogar ihre Namen: Rani, Shanti, Jenny und Ilona. Dabei waren es für sie nur große, graue Tiere, die herumstanden und ihre Rüssel schwenkten. Und dafür fand Herta ihr Haus mehr als ausreichend.

Was immer sie tat, diesmal ließ sich Rolf nicht umstimmen. „Tante Thea hätte es so gewollt", war seine Standardantwort, wenn sie das Thema in Richtung Erbe lenkte. Herta konnte es bald nicht mehr hören. Immer häufiger dachte sie an ihre kleine Phiole.

Sie saßen mal wieder auf der Bank im Elefantenhaus. Herta langweilte sich, Rolf schaute zu, wie die Elefanten mit dem Rüssel Äpfel und Möhren aus dem Heu klaubten und in ihr Maul beförderten. Er erzählte irgendetwas über sie, was Herta nicht hören wollte. Mit Mühe unterdrückte sie ein Gähnen.

„Eigentlich haben sie es doch schön hier", startete sie einen erneuten Vorstoß. „Sie haben sogar einen ganz neuen Anbau."

„Das ist nur ein Winterhaus. Und hier kommen die Nilpferde hin, die haben auch zu wenig Platz. Die Elefanten bekommen eine ganz neue Anlage. Eine, auf der man auch einen Bullen halten kann. Dann gibt es hier vielleicht einmal Elefantennachwuchs. Das wäre doch schön."

Herta verdrehte die Augen. Nilpferde, Elefanten: alles große, graue, langweilige Tiere.

Da rollte ein Apfel vor ihre Füße, den Jenny mit dem Rüssel aus dem Gehege gekickt hatte. Herta hob ihn auf, stieg über die Holzabsperrung, kletterte auf die Brüstung und reichte ihn Jenny mit spitzen Fingern. „Schau Rani, ich gebe dir deinen Apfel wieder", flötete sie und schielte zu Rolf.

„Lass das!" Rolf klang verärgert. „Außerdem ist das Jenny und nicht Rani."

„Schau doch: Sie hat ihn genommen! Warum soll ich ihn ihr denn nicht geben?" Herta wischte sich die Hand mit einem Erfrischungstuch ab.

„Das ist gefährlich."

„Was soll daran gefährlich sein? Hier laufen ständig Leute zwischen den Elefanten herum."

Rolf wurde laut: „Hörst du mir eigentlich nie zu? Das sind die Pfleger, die sind sehr erfahren und kennen ihre Elefanten, und die Elefanten kennen sie. Und trotzdem müssen auch die ständig auf der Hut sein. Elefanten sind gefährliche Tiere und Elefantenpfleger ist ein gefährlicher Beruf. Es kommt nicht selten vor, dass einer zerquetscht oder mit dem Rüssel erschlagen wird. Erst neulich ist in Berlin wieder ein Pfleger schwer verletzt worden."

Diesmal hatte Herta zugehört, sehr aufmerksam sogar. Sie gab Rolf noch eine letzte Chance. „Wir könnten doch eine Tier-Patenschaft übernehmen."

„Eine Patenschaft deckt gerade mal die laufenden Kosten. Die Elefanten bekommen ein neues Haus. Tante Thea hätte das so gewollt und ich will es auch!" Das klang endgültig.

„Und wir machen eine schöne Kreuzfahrt", fügte er in versöhnlichem Tonfall hinzu.

„Die mache ich allein!" fauchte Herta und stampfte hinaus.

Sie ging nicht mehr mit Rolf in den Stadtgarten, sie kochte keine Maultaschen mehr und die Petit-Fours aß sie alleine. Sie sprach nur noch das Nötigste. Rolf versuchte, sich mit ihr zu versöhnen, er versprach ihr einen neuen Nerzmantel, eine neue Wohnzimmereinrichtung und schließlich auch einen neuen Sportwagen.

„Drachenfutter!", schnaubte Herta, dachte an ihre Phiole und wartete auf eine günstige Gelegenheit.

Die ergab sich ein paar Tage später. Es war trüb und regnerisch, trotzdem wollte Rolf am Abend noch in den Stadtgarten.

„Willst du nicht mal wieder mitkommen? Abends, wenn die meisten Besucher gegangen sind, ist es besonders schön."

„Nein, Nora hat angerufen. Ihr geht es nicht gut. Ich fahre heute Abend noch zu ihr nach Frankfurt und werde wohl ein paar Tage bleiben." Herta wusste, dass sie eine schlechte Schauspielerin war und wollte nicht zu Hause sein, wenn die Polizisten kamen, um ihr die traurige Nachricht zu überbringen.

„Das tut mir leid. Wünsche ihr gute Besserung von mir. Wann stellst du mir deine Freundin eigentlich mal vor?"

Herta grinste in sich hinein. In Frankfurt lebte eine alte Schulkameradin von ihr, die ihr, seit sie Dank ihrer Phiole eine fröhliche Witwe war, noch einen Gefallen schuldete. Nora hingegen lebte in Bad Homburg, war gut 20 Jahre jünger als Rolf (und als Herta), sah blendend aus und hieß in Wirklichkeit Aron. Billig war er zwar nicht, aber er beherrschte einige raffinierte Techniken, die Herta sehr schätzte.

Sie dekantierte eine Flasche Spätburgunder und kochte Rolf ein letztes Mal seine Maultaschen. Sie richtete sie auf zwei Tellern an, garnierte sie mit Petersilie und würzte eine der Portionen mit einem kleinen Tropfen aus ihrer Phiole.

Rolf aß mit Appetit seinen Teller leer.

„Soll ich dich zum Bahnhof bringen?", fragte er nach dem Essen.

„Nein, nein. Geh nur schon in den Stadtgarten. Ich nehme mir ein Taxi."

„Pass auf dich auf und komm bald wieder!" Rolf drückte ihr einen nach Maultaschen riechenden, feuchten Kuss auf die Wange. Herta zog das Gesicht zusammen und drehte sich weg.

Als endlich die Tür hinter ihm zufiel, atmete sie auf. Sie räumte die Teller ab und spülte sie sehr sorgfältig. Ihr Beauty Case und ihren Trolley hatte sie schon gepackt, und als es zu dämmern begann verließ sie die Wohnung. Ihr Handy ließ sie auf dem Frisiertisch liegen.

Sie ging in Richtung Bahnhof. Die Straßen waren leer. Nur ein Notarztwagen jagte vorbei, das Blaulicht spiegelte sich im regennassen Asphalt. Als er außer Sichtweite war, bog Herta in den Stadtgarten ab.

Sie hatte Glück, das Kassenhäuschen war leer und sie konnte unbemerkt in den Park schlüpfen. Er war still und ausgestorben, nicht einmal die Tiere zeigten sich.

Mit klappernden Absätzen, den rumpelndem Trolley hinter sich herziehend, stöckelte Herta über die leeren Wege zum Elefantengehege.

Sie sah schon von Weitem die einsame Gestalt in Schimanski-Jacke am Zaun des Geheges lehnen. Sie schwankte leicht, der Inhalt der Phiole schien schon zu wirken.

Herta schob ihren Trolley hinter die alte Voliere, und schlich sich auf Zehenspitzen näher. Ein Geruch von Tabak und abgestandenem Bier wehte ihr entgegen.

Herta holte tief Luft, nahm Anlauf und stieß zu so fest sie konnte. Die Lisztäffchen im Gehege gegenüber begannen zu kreischen, aus dem Graben tönte ein dumpfer, fremder Schrei. Herta schaute sich nicht um.

Als sie ihren Trolley hinter der Voliere hervorzog, war wieder alles still. Sie schaute sich vorsichtig um. Sie war allein. Bis auf Rolf, der jetzt wohl ganz nah bei seinen vier mächtigen Freundinnen war.

Sie ging zügig zum Bahnhof und kaufte sich eine Fahrkarte erster Klasse nach Frankfurt. Im ICE bestellte sie Sekt. Sie erhob ihr Glas. „Auf Jenny und Ilona, und auf Rani und Shanti!" Wie die ihren lieben Freund wohl begrüßen würden? Sicher waren sie nicht begeistert. Wenn sie sogar manchmal ihren eigenen Pfleger zerquetschten, was machten sie dann wohl mit einem

Fremden, der in ihr Territorium eingedrungen war? Bestimmt genug, dass niemand auf die Idee kam, in den Überbleibseln nach Gift zu suchen. Herta bestellte noch einen Piccolo, ihr wurde warm. „Jenny - Ilona, Rani - Shanti", summte sie vor sich hin und ließ die Landschaft an sich vorbeiziehen.

In Frankfurt zog sie eine S-Bahn-Karte und fuhr weiter nach Bad Homburg. Dort mietete sie sich unter falschem Namen im Steigenberger Hotel ein.

Nach einem rauschenden Wochenende mit Champagner, Austern und Kaviar, und aufregenden Nächten in Arons Armen kehrte sie nach Karlsruhe zurück.

Der Geruch der Maultaschen hing noch in der leeren Wohnung. Herta setzte sich an den Küchentisch und entfaltete die Badischen Neusten Nachrichten. Sie musste lange blättern, bis sie fand, was sie suchte. „Armer Rolf, mehr als eine Randnotiz im Lokalteil warst du ihnen nicht wert", murmelte sie und begann zu lesen.

‚Ein Betrunkener hat in der Nacht von Freitag auf Samstag seinen Rausch im Graben des Elefantengeheges ausgeschlafen. Der Pfleger fand ihn am Morgen, als er die Tiere auf die Freianlage …'

Ein Klappern ließ Herta hochfahren. Jemand machte sich am Türschloss zu schaffen. Sie hielt den Atem an. Wer konnte das sein? Außer Rolf und ihr hatte niemand einen Schlüssel.

Die Wohnungstür wurde leise geöffnet, jemand betrat den Flur. Herta konnte seine Schritte hören. Es musste ein Einbrecher sein. Die Schritte kamen näher. Herta kroch unter den Tisch und kauerte sich zusammen.

Draußen preschte ein Lastwagen durch die Pfützen, Regentropfen trommelten gegen die Fensterscheibe. Irgendwo zankten sich zwei Elstern.

Die Küchentür wurde geöffnet.

„Herta?"

Das war Rolfs Stimme! Herta schielte zur Tür. Da stand er. Rolf. Er war blass, seine Wangen eingefallen. Herta kroch unter dem Tisch hervor und richtete sich zittrig auf.

Rolf wirkte, als habe man ihn von einer zentnerschweren Last befreit, als er sie sah. „Da bist du ja! Ich hatte solche Angst um dich!"

„Warum haben die Elefanten dich nicht ..." Herta brach ab. Der fremde Geruch, der fremde Schrei ... Alles um sie herum war plötzlich wie aus Watte.

Rolf schaute sie verwirrt an. Dann sah er die Zeitung. „Das war Berber, der streift öfter mal nachts durch den Stadtgarten. Ich habe ihm übrigens meine speckige Schimanski-Jacke, wie du sie nennst, geschenkt."

„Die Elefanten ... sie haben ihn zertrampelt." Herta konnte nur noch flüstern.

„Die Elefanten sind doch nachts im Haus. Aber das ist jetzt nicht wichtig."

Rolf holte einen blauen Müllsack, ging zum Vorratsschrank und fegte mit energischen Bewegungen sämtliche Lebensmittel aus den Regalen. „Jemand will uns vergiften! Ich war bis eben in der Uniklinik, sie haben mir den Magen ausgepumpt! Ich muss irgendetwas gegessen haben, das vergiftet war. Auf dem Weg zum Stadtgarten war mir plötzlich schlecht geworden. Die Kassiererin hat den Notarzt gerufen."

Herta starrte mit leerem Blick an die Wand. „Wer sollte uns denn vergiften?"

„Wahrscheinlich irgendein Cousin, der sich Tante Theas Erbe unter den Nagel reißen will. Sie wurde nämlich auch vergiftet; in den edlen Pralinen von der Patisserie Ludwig, die du ihr geschenkt hattest, war auch Gift!"

„Das kann nicht sein, ich hatte doch nur eine einzige ... und die muss sie gegess..." Herta schlug sich auf den Mund. – Tante Thea war immerhin über 90. Da konnte jederzeit das Herz aufhören zu schlagen ... Sie hätte die vergiftete Praline nicht gebraucht.

Mit weit aufgerissenen Augen starrte Rolf sie an. Sein Blick war kalt wie Neonlicht. Dann griff er zum Telefon.

Gnade

Er krallte beide Hände so fest ineinander, dass seine Fingerknöchel weiß hervortraten. So als wolle er sie kleinhalten, die Angst zusammenballen, in Form pressen, sie überschaubar halten. Er schämte sich fürchterlich. Es war passiert. Er hatte die Beherrschung verloren. Er schluchzte auf, ein tierischer Laut: „Gegrüßet seist du Maria voll der Gnade, der Herr ist mit dir, du bist gebenedeit unter den Frauen…" Er murmelte kaum hörbar vor sich hin. Sein Körper krümmte sich auf der harten Holzbank zusammen. Die Kleine Kirche im Herzen der Stadt – sein Zufluchtsort. Er schlug die Hände vors Gesicht. Die Bilder begannen zu wandern…

Das Kind kniete auf dem Stuhl und malte. Völlig versunken in sein Werk. Sauber strichelte es die Ränder des Gebildes aus. „Maikäfer flieg, dein Vater ist im Krieg. Die Mutter ist in Pommerland …" Es sang in russischer Sprache. Der Sprache der Mutter. Der Mutter, die es schmerzlich vermisste, jeden Tag, jede Stunde, jede Minute. Sie war einfach gegangen, als ob sie nie dagewesen wäre. „Pommerland ist abgebrannt …"

Der Schlag kam ohne jede Vorwarnung. Sein Kopf schlug donnernd auf der Tischplatte auf. Zuerst pure Überraschung, dann Schmerz. Blutiger Rotz lief aus der Nase, auf die Flügel des Maikäfers. Farben vermischten sich zu einem unkenntlichen Gekleckse. „Was singst du da? Die Sprache der Russenschlampe ist hier verboten. Sprich gefälligst deutsch, du Rotzlöffel. Glaubst wohl, du bist was Besseres." Der Vater stand hinter ihm, hochrot, schwitzend vor Erregung. Er war außer sich.

Am Abend dann die weinerliche Nummer. „Du mein Bübchen, komm her zu mir. Bist doch alles was ich habe." Er hob einladend die Bettdecke und zog den Kleinen ins warme Nest.

Ganz eng kuschelten sie sich aneinander. Der große Leib wärmte den kleinen und der kleine den großen. Der Vater streichelte seinen Rücken, zuerst ganz zart, dann immer drängender. Er drückte den Jungen fest an sich, zu fest, geriet in Aufruhr, um dann plötzlich entspannt in sich zusammenzusinken. „Jetzt lass uns beten", sagte er. Es fühlte sich irgendwie falsch an. Er konnte nicht sagen warum, aber irgendwas war hier nicht richtig.

„… und gebenedeit ist die Frucht deines Leibes, Jesu. Heilige Maria, Mutter Gottes …"

Sein Ziel war die Normalität. Einmal so sein wie die anderen. Unauffällig in der Masse mitschwimmen. Tun, was alle tun und lachen, wenn alle lachen. Von der Menge getragen, ein akzeptiertes Mitglied dieser Gesellschaft. Zunächst schien alles gut zu sein. Sonja hatte es ihm leicht gemacht. Ihre unkomplizierte Art. Sie konnte ihn so nehmen und lassen, wie er war. Ohne sich zu beklagen, auch wenn er ihre Zärtlichkeit oft nicht erwidern konnte, sie manchmal sogar von sich stieß. Dann die Kleine. Ihr beider Glück. Er war ausgefüllt, andere Gedanken blieben fern. Er dachte schon, er habe sich vielleicht getäuscht. Keine Reaktionen, keine nächtlichen Ausflüge ins Reich der Sinne – nichts. Bis der andere in sein Leben trat.

Er hatte sich angewöhnt, nach der Arbeit noch eine Runde zu laufen. Durch den Hardtwald, von der Waldstadt bis zum Schloßgarten und zurück. Er war nicht alleine. Viele Läufer kreuzten seinen Weg. Eines Abends war der andere vor ihm hergelaufen. Beide hatten das gleiche Tempo, so dass er zwangsläufig hinter ihm her traben musste. Er beobachtete das gleichmäßige Spiel der Muskeln und … war hingerissen. Wie gebannt. Er konnte seine Augen nicht abwenden. Eine mächtige Welle vergessen geglaubter Gefühle schlug über ihm zusammen.

„… und bitte für uns Sünder, jetzt und in der Stunde unseres Todes. Amen…" Er stand auf. Aufgewühlt trat er von einem Bein aufs andere.

Der andere war plötzlich stehengeblieben und hatte sich umgedreht. War auf ihn zugegangen. Mitten im Wald. Alles war klar. Es bedurfte keiner Worte. Er konnte loslassen. Von da an liefen sie zusammen. Immer die gleiche Strecke. Irgendwann bogen sie ab und verließen die Hauptroute. Sie hatten sich ein Refugium geschaffen, einen verborgenen Ort – nur für sie beide. Wenn er mit ihm zusammen war, war er glücklich. Zuhause fühlte er sich geborgen. Alles war gut so.

Dann reichte das dem anderen nicht mehr. Er verlangte mehr, er wollte ihn ganz. Konnte einfach nicht verstehen, dass er die Kleine nicht im Stich lassen konnte. Bettelte und weinte, beschimpfte ihn dann und nannte ihn einen Betrüger. Einen, der ihn nur benutzt habe. Zuletzt dann die Drohung, Sonja alles zu sagen. Das konnte er auf keinen Fall zulassen. Dachte dabei doch nur an die Kleine.

Er hatte ihn dann in seinem Büro aufgesucht. Gütiger Himmel. Ihn vorgefunden hinter Aktenbergen verschanzt. Unerbittlich und selbstgerecht. Ein Richter über Leben und Tod. Doch er ließ nicht mit sich reden. Spöttisch lachte er ihm ins Gesicht und wendete ihm dann den Rücken zu. „Fick Dich, Du Schlappschwanz."

Der andere schlug hart mit der Stirn auf der Kante des Schreibtischs auf.

„Gegrüßet seist du Maria voll der Gnade…" Er war immer lauter geworden. Seine Stimme hallte laut von den Wänden der kleinen Kirche wider. Am Eingang hatte sich bereits eine Menschentraube gebildet. Er setzte sich in Bewegung.

Die Auszubildende der Ausländerbehörde öffnete mit dem Ellenbogen die Tür. Rechts im Arm ein Stapel abgeschabter, brauner Akten, links ihre dampfende Kaffeetasse. Mitten in der Eintrittsbewegung schreckte sie zurück. Sie schrie gellend auf. Das heiße Gebräu schwappte in hohem Bogen aus der Tasse und verbrühte ihr die Hand. Die Akten knallten mit Getöse zu Boden. Ein Mann lag quer über dem Schreibtisch. Arme und Beine baumelten in der Luft wie bei einer Marionette ohne Fäden. Sein Kopf hing über dem Abgrund, das dichte

Haar verwirrt, zerrauft. Die Augen waren weit aufgerissen und glotzten ungläubig ins Leere. Die zersplitterte Brille hing ihm schief im Gesicht. Aus der aufgeplatzten Stirn tropfte das Blut auf den Teppichboden der Amtsstube und hatte dort bereits einen beträchtlichen Fleck hinterlassen. Der Mann lag still, totenstill. Seine Zeit war stehengeblieben.

Er ging durch den Mittelgang. Zur Treppe, links hoch auf die Empore. Stellte sich an die Brüstung und sah hinab. Er zitterte wie Espenlaub vor Angst. „Vater unser im Himmel", schrie er dann in den Raum hinein, „geheiligt werde dein Name. Dein Reich komme, Dein Wille geschehe …"

TISCHGESPRÄCH

Vera schlug die Speisekarte zu und betrachtete einen statt-lichen Lobster, der ahnungslos und in dezentem Grau durchs Hummerbecken stakste, während ein Kollege von ihm gerade krebsrot und kaum wiederzuerkennen auf einem Teller ange-richtet an ihr vorbei getragen und einem jungen Mann serviert wurde, der auf einem Barhocker an der Theke saß. Es war noch früh am Abend und das l'incontro in der Leopoldstraße, bis auf sie beide, leer. Der junge Mann griff nach dem Hummerbe-steck und ging erstaunlich routiniert ans Werk.

Sie sah auf ihre Armbanduhr und zog die Augenbrauen hoch, dann schüttelte sie lächelnd den Kopf. Sissi und Pünktlichkeit! Sie nahm einen Schluck von ihrem Campari Orange, den sie wieder mit Genuss trank, seit ihr ein Chemielaborant auf einer Party glaubhaft versichert hatte, dass Campari schon lange nicht mehr aus Läuseblut hergestellt wurde.

Ein paar Minuten später kam Sissi atemlos zur Tür herein-gestürzt, mit blassem Gesicht und dunklen Ringen unter den Augen. Sie ließ sich erschöpft auf den Stuhl ihr gegenüber fal-len.

„Tag Vera! Entschuldige bitte die Verspätung, aber egal was oder wie ich es mache, die Zeit ist immer gegen mich."

„Schon gut. Was war heute das Problem?"

„Der Verkehr und dann habe ich keinen Parkplatz gefun-den."

„Du siehst übernächtigt aus, meine Liebe."

„Ich habe auch kaum geschlafen."

„Ist schon wieder Vollmond?"

„Vollmond?"

„Also wegen Hugo!"

Sissi nickte und stieß einen Seufzer aus.

Vera sah sie einen Moment nachdenklich an. „Tja, von der

richtigen Wahl der Todesart hängt viel ab. Aber langsam solltest du dich entscheiden."

Der Kellner kam an ihren Tisch. „Haben die Damen schon gewählt?"

„Ich nehme einen gemischten Salat, Sergio, und den Lachs auf grünen Bandnudeln."

„Ist das das Gericht, das du letztes Mal hattest ... von dem ich gekostet habe?", fragte Sissi.

„Ja."

„Dann nehme ich das auch."

„Was ist mit Salat?"

„Den auch."

„Also, Sergio. Zweimal gemischten Salat als Vorspeise, zweimal den Lachs und eine Flasche Pinot Grigio. Oder trinkst du lieber einen Orvieto, Sissi?"

„Nein, Pinot Grigio ist okay."

Sergio notierte die Bestellung auf seinem Block und ging damit in die Küche.

„Warum erschießt du ihn nicht?"

Der junge Mann an der Theke schaute einen Moment verdutzt von seinem Hummer auf und blickte zu den beiden Frauen hinüber.

„Gott, Vera! Sag doch wenigstens: Themenwechsel."

„Ach was! Unter Fußballern würde man sagen, du bist heute nicht am Ball. Also, noch Mal, warum erschießt du ihn nicht einfach?"

„Nicht so laut, Vera!"

„Ja. Ja."

„Erschießen ist zu unpersönlich. Zuviel Distanz, wenn du weißt, was ich meine", flüsterte Sissi.

Vera nickte nicht ganz überzeugt. „Näher dran wärst du natürlich mit Erwürgen."

Sissi zuckte entsetzt zurück. „Das ist mir zu brutal."

„Bleibt noch zu Tode kitzeln!" Veras Stimme klang sarkastisch, und Sissi sah sie missbilligend an.

„Eigentlich will ich Gerechtigkeit."

„Ach du liebes Bisschen! Verwechselst du da nicht Gerechtigkeit mit Selbstjustiz?"

„Manchmal geht das eine nicht ohne das andere."

„Was du nicht sagst!"

Sergio kam mit dem Wein, entkorkte routiniert die Flasche, ließ Vera kosten und schenkte ihnen ein. „Alla salute, die Damen!"

„Danke, Sergio!"

Kaum hatte Sergio ihnen den Rücken zugewandt, griff Vera nach ihrem Glas und prostete Sissi zu. „Auf Hugos Ende!"

„Vera!"

Vera setzte ihr Glas ab, nahm das Tafelmesser in die Hand und stach ein paar Mal spielerisch damit in die Luft, wobei die Schneide im Licht der hübschen gläsernen Hängelampe gefährlich aufblitzte.

Sissi machte eine abwehrende Handbewegung. „Und fuchtle bitte nicht so mit dem Messer vor meiner Nase herum."

„Ich versuche, offensichtlich erfolglos, mich nonverbal verständlich zu machen. Will sagen: Was hältst du von Erstechen?"

Sissi verzog angewidert das Gesicht. „Also, das ist mir nun wirklich zu vulgär."

„Zu vulgär!", schnaubte Vera und verdrehte ungläubig die Augen.

„In gewissen Kreisen zückt man kein Messer."

„Willst du damit etwa sagen, dass jede Gesellschaftsschicht ihre eigenen Tötungspraktiken hat?"

„Genau das! Eiskalte, berechnende Intelligenz greift selbstverständlich zu anderen Waffen als heißes, unkontrollierbares Gefühl."

„Du musst es ja wissen."

Sergio kam mit dem Salat. „Insalata Mista, die Damen."

„Mhhh! Sieht der wieder lecker aus", gurrte Vera.

Sissi nickte begeistert. „Die Italiener machen wirklich die knackigsten Salate."

„Und wie appetitlich er wieder angerichtet ist! Da kann das Auge so richtig mitessen." Vera seufzte genüsslich, ließ ihre Gabel suchend über dem Teller kreisen und spießte schließlich ein Blatt Lollo Rosso auf. „Die Italiener haben einfach Kultur und Geschmack. Egal was es ist. Architektur, Möbel, Mode, Küche … Einfach alles."

„Das ist doch auch kein Wunder. Sie sind von Schönheit und Kunstwerken ja förmlich umzingelt. Leonardo da Vinci, Michelangelo, Tizian, Botticelli, Raffael... Nirgendwo hängt soviel Kunst an den Wänden wie in Italien", beeilte sich Sissi hinzuzufügen, nachdem sie einen Mundvoll Salat mit einem Schluck Wein hinuntergespült hatte.

„Und eine Kunstrichtung inspiriert eine andere. Ich sage nur David ... Und eine Generation inspiriert die nächste. Es ist ein einziger, wunderbarer ... unsterblicher Kreislauf."

Sissi nickte begeistert. „Selbst wenn man einmal von den Malern und Bildhauern absieht ... von Dichtern wie Dante, Giovanni di Boccaccio, Casanova ... vom modernen Theater, dem Film und was weiß ich, bleiben immer noch die Komponisten und die Oper. Treibt dir Puccinis *Nessun Dorma* nicht auch noch beim hundertsten Mal Hören die Tränen in die Augen?

„O ja!", seufzte Vera.

Nach diesem einhelligen Lobgesang auf alles Italienische, machten sie erschöpft eine kleine Redepause und widmeten sich ganz dem knackigen Gemischten. Aus der Küche drangen ein paar unaufdringliche Stimmen und Geräusche und von der Theke das methodische Knacken von Hummerschalen.

„Aufknüpfen wäre noch eine Möglichkeit."

Sissi schaute Vera verdattert an. „Wie bitte?"

„Er...hän...gen!", sang Vera leise in drei nachdrücklichen Silben.

„Erhängen eignet sich nur für Selbstmord."

„Ach ja?"

„Überleg doch mal. Der Durchschnittsmann wiegt an die neunzig Kilo."

Einen Moment lang sahen sich die beiden Frauen schweigend und ein wenig frustriert an, dann griff Vera das Thema wieder auf.

„Trinkt er eigentlich?"

„Nicht mehr als du und ich. Wieso?"

Vera winkte ab. „Ach, dieser Vorschlag würde dir auch wieder nicht gefallen."

„Na hör mal!"

„Mir ist auch gerade noch eine viel bessere Idee gekommen." Vera sah ihr Gegenüber herausfordernd an.

„Und die wäre?"

„Vergifte ihn doch einfach. Soviel ich weiß, sind kleine Mengen Arsen im Körper praktisch nicht nachweisbar. Hat er ein Lieblingsgericht?"

Der junge Mann an der Theke schob seinen Teller mit den roten Schalenresten unsanft zurück, räusperte sich verlegen und stand hastig auf. Dabei stieß er den Barhocker so heftig zurück, dass er beinahe umfiel. Eilig und über seine eigenen Füße stolpernd verließ er das Lokal in Richtung Ausgang und Toiletten.

Sissi sah ihm nach und flüsterte eindringlich: „Vera, du bist zu laut!"

„Ja doch!", zischte Vera ungeduldig zurück. „Nun sag schon, was du von Arsen hältst?"

„Bei so kleinen Mengen dauert das Jahre."

Sergio kam mit dem Hauptgericht. „Lachs in Weißwein-Sahne-Sauce auf grünen Bandnudeln. Buon appetito, die Damen!"

„Mhhh! Wie das duftet. Und es ist wieder angerichtet wie ein Gemälde. Mario ist nicht nur ein phantasievoller Koch, er ist auch ein Künstler. Sagen Sie ihm das bitte, Sergio!"

„Danke, Signora Kampe! Er wird sich freuen. Darf ich den Damen noch etwas Wein nachschenken?"

„Gern, Sergio."

Sergio fasste nach der Flasche, machte eine elegante kleine Verbeugung, schenkte ihnen mit Schwung nach, und dann begannen die beiden zu essen.

„Schmeckt das wieder göttlich! Der Lachs zergeht auf der Zunge."

„Zarter geht es wirklich nicht. Ich bin froh, dass ich auch den Lachs genommen habe."

Vera sah plötzlich nachdenklich auf ihren Teller.

„Wenn ich so den Fisch betrachte, fällt mir Tod durch Ertrinken ein. Die italienische Mafia bedient sich da seit Jahren einer sehr erfolgreichen Methode. Du weißt schon, die Zement ..."

„Schhh!"

„...lösung."

„SCHHH!"

„Warum zischt du denn so?"

„Schau dich doch mal um."

Der junge Mann von der Theke, der seinen Hummer so gekonnt zerlegt hatte und dann fluchtartig das Lokal verlassen hatte, und zwei Polizisten hatten das Lokal betreten, und mit ihrem Erscheinen war eine seltsame Hektik ausgebrochen. Sergio versuchte, die drei zu beschwichtigen und mit ausgebreiteten Armen in Schach zu halten.

Und plötzlich wurde der freie Stuhl an ihrem Tisch zurückgezogen, ein Mann mit Hut und Trenchcoat setzte sich wortlos zu ihnen, legte beide Hände auf den Tisch, kniff die Augen zusammen und taxierte sie abwechselnd mit strengem Blick.

„Sie halten wohl nichts von der altmodischen Sitte, erst zu fragen, ob es gestattet sei Platz zu nehmen", sagte Vera.

„Meistens fehlt mir die Zeit für derlei Höflichkeiten, meine Damen. Und vermutlich wird es Ihnen auch nicht gefallen, wenn ich Sie gleich auffordere, mich unauffällig hinauszubegleiten."

„Ich glaube, ich höre nicht richtig!", schnappte Vera empört zurück. „Warum sollten wir Sie wohl irgendwohin begleiten? Und dann auch noch unauffällig!"

Sie sah zu Sissi hinüber und stellte ernüchtert fest, dass von ihr keine Unterstützung zu erwarten war. Sie verfolgte die kleine Szene merkwürdig distanziert und ein undefinierbares Lächeln umspielte ihre Lippen.

Sergio eilte herbei und stammelte: „Signora Kampe, es wird sich alles ... Es wird sich bestimmt alles ... Commissario! Ich bitte Sie!"

Der Unbekannte schob ihn einfach beiseite und zeigte Vera seine Polizeimarke. „Hauptkommissar Nagel, Kripo Karlsruhe."

„Sergio! Was hat das zu bedeuten?"

„Es tut mir leid, Signora Kampe. Ich bin sicher, es wird sich alles gleich aufklären."

Auf einen Wink des Kommissars trat nun der Hummerspezialist an ihren Tisch.

„Sind das die beiden?"

Der junge Mann nickte.

„Heiliger Bimbam!", sagte Sissi ahnungsvoll, und dann war auch bei Vera der Groschen gefallen.

„Sissi, du glaubst doch nicht...", fragte sie stockend.

„Doch!", antwortete Sissi.

„Dieser junge Mann hier ... Wie heißen Sie eigentlich?"

„Vogel, Herr Kommissar, Adam Vogel."

„Also, dieser junge Mann hier behauptet, Sie beide hätten gerade ein paar perfide Mordpläne ausgeheckt. Gegen einen gewissen Hugo. In welchem Verhältnis stehen Sie zu diesem Hugo?"

Vera und Sissi sahen sich an und prusteten los.

„Rein beruflich", sagte Sissi, nachdem sie sich wieder gefasst hatte. Und Vera nickte zustimmend.

Kommissar Nagels Blick schoss wütend von einem Gesicht zum anderen.

„Ich bin Autorin", erklärte Sissi.

„Und ich bin ihre Lektorin. Vera Kampe von Der Kleine Buch Verlag. Hugo ist eine Romanfigur. Und Sissi Henning und ich haben uns über ihren neuesten Kriminalroman unterhalten."

„Das stimmt, Commissario!", beteuerte Sergio händeringend. „Ich kenne die Signora schon seit vielen Jahren."

„Oh Mann!", brummte Nagel verärgert und sandte einen vernichtenden Blick in Richtung Hummerspezialist.

Der war bei Veras klärenden Worten einen Schritt zurückgewichen und starrte Sissi fassungslos an. „Sie sind Sissi Henning?"

„Seit dreißig Jahren."

Er griff sich mit beiden Händen an den Kopf, als müsse er da drinnen alles schön zusammenhalten. „Sie sind die Autorin von *Nachtfalter sind auch Schmetterlinge*, *Schneeadler*, *Das Lächeln des Delphins* ...? Ich habe alles von Ihnen gelesen!"

„Ich fürchte, das ist im Moment das Einzige, das für Sie spricht", sagte Sissi und Kommissar Nagel nickte vage.

„Sergio?"

„Signora Kampe?"

„Ich glaube, wir brauchen jetzt alle einen Grappa."

„Für mich einen Doppelten!", stöhnte Sissis Fan fassungslos und zog sich den nächsten freien Stuhl heran.

Kommissar Nagel warf ihm einen undefinierbaren Blick zu und brummte: „Und für mich einen Dreifachen."

„Geht alles auf Kosten des Hauses", sagte Sergio sichtbar erleichtert und machte sich eilig in Richtung Bar davon.

Krötenwanderung

Dr. Siegbert Trust, Karlsruher Rechtsanwalt und Eigentümer der größten Sozietät im Südwesten, schlug wütend mit der Faust auf das Lenkrad. Die Autobahn von Stuttgart nach Karlsruhe war in Höhe Pforzheim nachts um zwei Uhr wegen eines LKW-Unfalls gesperrt worden. Zu allem Pech platzte ihm auf der Strecke über die Dörfer ein Reifen. Den Pannendienst wollte er nicht anrufen. Er hätte zugeben müssen, nicht zu wissen, wie ein Reifen gewechselt wird. Das wäre zu peinlich gewesen. Fluchend wuchtete er den Ersatzpneu heraus. „Tausende Menschen schaffen das, also schaff ich das auch."

Anderthalb Stunden später fiel Dr. Trust erschöpft und vom Regen durchnässt, aber glücklich in den Fahrersitz zurück.

Noch vor wenigen Stunden hatte er voll Stolz die Ehrungen anlässlich seiner Wahl zum Präsidenten des Vereins zum Schutz der europäischen Fauna und Flora entgegengenommen.

„Hätte ich mich doch nicht darauf eingelassen, dann könnte ich jetzt gemütlich im Bett liegen", zeterte er erneut vor sich hin. Vor einem Jahr hatte der Verein die Werbekampagne gestartet. Zu seiner Verblüffung schlug sein plakativer Slogan ‚Save the Nature' und auch der deutsche Ableger ‚Schützt die Natur' wie eine Bombe ein. Dank gut gestalteter Plakate, Prospekte und Anzeigen bekamen sie so viele zahlende neue Mitglieder, dass er für das Präsidentenamt vorgeschlagen wurde. Zu den gewonnenen prominentesten Sponsoren gehörten der Bundespräsident und Angehörige des europäischen Hochadels.

Dr. Trust hatte freilich auch das meiste Geld für diese Kampagne gestiftet. Natürlich ganz uneigennützig, wie er stets betonte. Die Werbeaktion spülte das Dreifache der erhofften Einnahmen in die Organisationskasse – und in seine eigene. Denn Trust erhielt durch sein Engagement eine hohe Anzahl neuer Klienten. Ein grünes Image war eben in der heutigen

Zeit gefragt. Fernsehreportagen, Talkshows und Zeitungsartikel, immer mit dezent platzierten Hinweisen, wie unermüdlich er sich für den Erhalt der bedrohten Natur einsetze, erledigten den Rest. „Mit meinen vierzig Jahren habe ich es doch schon recht weit gebracht. Dazu habe ich eine kluge, herzeigbare Frau und eine hübsche Tochter. Was wünscht ‚Mann‘ sich mehr.“ Langsam besserte sich seine Laune.

Der Jurist bog in Stupferich, einem Karlsruher Höhenort, in Richtung Durlach ein. In zehn Minuten würde er seine Villa im Nobelviertel am Geigersberg erreichen. Weiter kam er mit seinen Gedanken nicht. Reflexartig trat sein Fuß auf die Bremse. Schlingernd kam der Wagen zum Stehen. Erst im letzten Moment hatte Siegbert Trust das trübe Blinklicht bemerkt, das an einer rotweißen Barke hing. „Verdammt, komm ich denn nie nach Hause!“, tobte er. In großen Lettern stand auf einem Schild: Wegen Krötenwanderung gesperrt!

Bauer Heinrich Lamm staunte nicht schlecht, als er von seinem Hochsitz aus eine Wagentür zuschlagen hörte und eine aufgebrachte Stimme vernahm. Anstatt der erwarteten Wildschweine erblickte er einen Autofahrer. Heinrich kratzte sich ärgerlich seine spärlich behaarte Kopffläche. Bei dem Lärm würde die Rotte nicht kommen, die seit einiger Zeit seine Äcker verwüstete. Und er brauchte Beweise, dass es tatsächlich Wildschweine waren, um eine Abschussgenehmigung zu erhalten. Das hatte ihm jedenfalls das Amt mitgeteilt. Hugo, Heinrichs Vetter, konnte ihm eine hochempfindliche Kamera leihen, die neben Datum und Uhrzeit die exakten Daten des Koordinatensystems angab. „Das Beste, was das Militär als Nachtsichtgerät zu bieten hat“, prahlte Hugo.

Mit der Zoom-Funktion holte Heinrich den Fahrer näher heran. Dieser hüpfte gerade auf einem Bein. Dann zog er humpelnd die Barken beiseite, setzte sich in den Wagen, fuhr ein paar Meter, stieg aus und richtete die Absperrung wieder hinter sich auf. Erneut nahm er hinter dem Steuer Platz und gab Gas. Heinrich sah dem PKW nach, bis die Rücklichter im Regen verschwanden. Er zuckte mit den Schultern. „Da werden einige Frösche dran glauben müssen. Und was der da macht ist zwar

nicht in Ordnung, aber ich würde vielleicht auch so handeln."
Der Bauer dachte an die Naturschützer, die jeden Morgen an
den Gräben entlanggingen, die Tiere einsammelten und anschließend die Barrieren abbauten, welche abends wieder er-
richtet wurden.

Der Landwirt fand meist nur an den Wochenenden Zeit, die
Badischen Neuesten Nachrichten zu lesen. Der Bericht über
einen Unfall forderte seine Aufmerksamkeit. Einer der Krö-
tensammler war am Mittwoch in der Frühe von einem Fahrzeug erfasst und tödlich verletzt worden, nur rund dreihundert
Meter von dem Hochsitz entfernt. Der Fahrer konnte uner-
kannt flüchten. Am Unfallort gefundene Lackspuren in Ra-
cing-Green wiesen auf ein englisches PKW-Modell hin.
   „Das war doch der Morgen, an dem ich den Fahrer bemerkte. Wann fand man den Jungen tot im Graben, um sieben Uhr?
Konnte es sein ...?" Heinrich überlegte, war sich unschlüssig.
   Zwei Seiten weiter weckte ein Foto sein Interesse. Es zeigte
die hiesigen Größen der Region bei einem Empfang. Alle hielten Champagnergläser in den Händen und lächelten.
   „Verdammt, das ist doch der Kerl, den ich vom Hochsitz gesehen habe. Sieh mal an! Dr. Siegbert Trust, Rechtsanwalt und
Präsident eines großen Umweltverbandes! Spielt nach außen
den grünen Umweltheini, fährt aber ansonsten alles platt." Er
warf die Zeitung zur Seite und ging zum Computer.
   „Hast du Probleme?" Sein Sohn Hans kam ins Zimmer. Der
Vater winkte ihn heran. „Am Freitag konnte ich die Wildsäue
aufnehmen. Zwei Tage vorher habe ich etwas gefilmt und ge-
speichert, finde es aber nicht mehr in dem Kasten."
   Hans hackte auf die Tastatur ein, und mit einem letzten
Klick lief auf dem Bildschirm eine für den Jungen unbekannte
Szene ab. Ein Mann mittleren Alters sprang wild gestikulierend
auf der Straße vor seinem Auto herum und trat wutentbrannt
gegen eine, in einem Betonklotz steckende, Barke. Danach
hüpfte er wie irr auf einem Bein hin und her.
   „Meine Fresse, so ein Arschloch", kicherte Hans. „He, mit
der Kamera erkennt man sogar das Autokennzeichen!" Der
Junge wies auf den Bildschirm. „Tolle Kiste, Jaguar, alles vom

Feinsten, Achtzylinder! Was macht der denn da?", rief er verwundert, als der Fahrer die rot-weiße Absperrung fortzog.

„Brenn mir das auf eine CD", wies der Vater den Sohn an.

„Was, das mit dem Arschloch?"

Heinrich seufzte. „Wenn du es so nennen willst. Wirf des öfteren einen Blick in die Zeitung, da findest du noch mehr von der Sorte", gab er dem Siebzehnjährigen zu verstehen.

Dr. Siegbert Trust hatte sich wie jeden Morgen die Post von seiner Sekretärin öffnen und bringen lassen. Das braune Kuvert ohne Absender lag zuoberst. Er schaute in den Umschlag, zog ein zusammengefaltetes Blatt heraus und klappte es auf. Es zeigte ein Foto von ihm.

„Spioniert mir jemand nach, Neider, falsche Parteifreunde? Wer rennt um die Uhrzeit im Wald herum?", fauchte Trust. Er schaute noch einmal auf das Bild. Es zeigte einen Mann auf der Straße, der eine Warnbarke in den Händen hielt. Auch das Fahrzeug und das Kennzeichen waren gut zu erkennen. „Was beweist das? Ich war dort, na und …! Ob ich weitergefahren bin, ist daraus nicht zu erkennen", beruhigte er sich.

Drei Wochen rannte Heinrich unschlüssig mit der CD herum, dann setzte er sein Vorhaben in die Tat um. Dazu beigetragen hatte eine in der Zeitung groß aufgemachte Serie über Gönner und Mäzene aus dem Badischen. Dieser Trust war einer der ersten, die vorgestellt wurden.

Dr. Siegbert Trust hatte sein ungebetenes Geschenk in der Kanzlei längst wieder vergessen, als ein neuer Brief ohne Absender eintraf. An sich schob er keine fremden CDs in den Computer. Aber hier siegte die Neugier. Auf der silbrigen Scheibe stand in dicken Blockbuchstaben geschrieben:
K R Ö T E N W A N D E R U N G
Trusts Ahnung wurde auf das Schlimmste bestätigt. Der Inhalt der CD trieb ihm Tränen in die Augen.

„Muss ich für einen kleinen Fehler mein Leben lang büßen?" Seine ganze Existenz schien bedroht. Mit den Fingern würden alle auf ihn und seine Familie zeigen. Da war doch auch dieser

Unfall gewesen. Die Kripo hatte den flüchtigen Fahrer bislang nicht ermittelt, fiel ihm ein. Die würde froh sein, einen Verdächtigen vorführen zu können. Und die Journalisten würden noch tiefer bohren. Was passiert, wenn die erfahren, dass ich die mir anvertrauten Spendengelder nicht so akkurat eingesetzt habe? Man konnte sich darüber streiten, ob die Trockenmauer für Achtzigtausend Euro, die das Sylter Feriendomizil des Parteisekretärs einfriedete, als schützenswertes Biotop angesehen werden konnte.

In dieser Nacht schlief Dr. Trust äußerst schlecht. Massen von Lurchen, Fröschen und Kröten rannten hinter ihm her und schrien: „Mörder, Mörder!" Im Traum lief er um sein Leben.

Am nächsten Vormittag fuhr der Jurist die Strecke nach Stupferich hoch. Die rot-weißen Barrieren lagen aufgeräumt auf dem seitlichen Grün. „Den Täter zieht es immer zum Tatort zurück", murmelte er bitter und schaute sich um. Am Ende eines Wäldchens bemerkte er den Hochstand. „Von dort muss mich einer gefilmt haben. Aber welcher Jäger benutzt eine Filmkamera zum Jagen?"

Zurück in seiner Kanzlei, beauftragte er einen seiner Angestellten, herauszufinden, wem die Grundstücke und Äcker dort oben am Dürrbach gehörten und wer Jagdpächter sei. Zwei Tage später lagen die Angaben auf seinem Tisch. Ein beigefügtes Foto zeigte einen Landwirt, angelehnt an einem alten, verbeulten Kastenwagen.

Trusts gute Laune verflog jedoch mit der nächsten anonymen Post, einem per Computer beschriebenen Blatt Papier. Mit bebenden Lippen las er den Text: „Sie sind ein Mörder. Wenn Sie nicht wollen, dass eine CD-Kopie an die Presse geschickt wird, halten Sie sechshunderttausend Euro bereit. Weitere Anweisungen folgen."

Dr. Trust stöhnte auf: „Mein Gott, wo soll ich das Geld hernehmen." Erst vor zwei Jahren hatte er die Luxusvilla am Geigersberg gekauft. Er überlegte kurz, einen Koffer mit Zeitungspapier zu übergeben, verwarf dies jedoch. „Ein Plan muss her. Wenn ich dem Erpresser das Geld geben muss, hol ich es mir zurück, notfalls mit Gewalt."

Er dachte an die Pistole in seinem Tresor und an das Schwarzgeldkonto in der Schweiz. Kurz darauf telefonierte er mit der Bank.

Eine Woche später konnte Dr. Trust das von einem Boten der Bank gelieferte Geld in seinem Büro in Empfang nehmen. Nun wartete er auf weitere Anweisungen des Erpressers. Die letzte hatte geheißen, der ‚Umweltschützer Dr. Trust' solle einen Artikel über Krötenwanderungen für die Sonntagsausgabe der BNN verfassen. Das sei das Signal zur Geldübergabe.

„Na warte! Jetzt wird der Spieß umgedreht." Der Jurist blickte grimmig. Er würde es dem Dummkopf schon zeigen.

Heinrich Lamm suchte fluchend die Sonntagsausgabe der BNN.

„Draußen nimmt Hans gerade sein Moped auseinander", rief seine Frau ihm zu. „Vielleicht hat der Junge die Zeitung."

Tatsächlich, da lag der zerlegte Motor auf dem Papier. „Verdammt, die habe ich noch nicht gelesen!" Mit einem Ruck zog er die Zeitung vom Boden, begleitet vom Scheppern der davonrollenden Teile. Hans maulte: „Reg' dich ab, ist sowieso nichts Besonderes drin. Außer, wenn du auf einen Artikel über Frösche scharf bist. Auf der Seite ‚Für den Naturfreund' hat das Arschloch tatsächlich so nen Bericht über Lurche und Kröten geschrieben." Heinrich sah seinen Sohn verblüfft an. „Seit wann liest du die Zeitung?"

„Du hast mich aufgefordert, meine Nase da reinzustecken." Hans grinste und widmete sich wieder seinem Motor. Der Junge war froh, als der Vater mit dem Blatt ins Haus ging. Seit einiger Zeit meldete sich regelmäßig sein schlechtes Gewissen. Er hatte vor rund vier Wochen einen Brief mit einem Foto abgeschickt. Auch ein prominenter Großkotz sollte sich nicht alles erlauben dürfen, hatte er gemeint. Doch dann kamen ihm Zweifel. Was würde passieren, wenn der Brief mit dem Bild in falsche Hände gerät? Oder der Heini die Polizei einschaltete? Mein Alter schlägt mich halb tot, wenn das raus kommt, grübelte Hans ängstlich.

Dr. Trust hielt das gefaltete Blatt Papier mit den detaillierten Angaben zur Geldübergabe in den Händen. Am nächsten Tag fuhr er zu dem angegebenen Lokal am Großmarkt, schaute sich die Räumlichkeiten genau an und überprüfte die nähere Umgebung sowie die Parkmöglichkeiten. Zufrieden fuhr er wieder nach Hause.

An dem besagten Abend lieh er sich von seiner Frau den Wagen aus, einen Golf. „Mit dem kann ich in der Stadt besser parken", erklärte er ihr. Zehn Minuten später bog er, wie gefordert mit dem Geldkoffer in einer Plastiktüte, auf der Durlacher Allee bei dem großen Möbelhaus rechts ab und in die Gerwigstraße. Er suchte den Parkplatz an der Mauer. Von hier hatte man einen guten Blick auf die Straße und die Kneipe, ohne selbst gesehen zu werden. Trotz der tristen Gegend schien das Lokal gut besucht zu sein. Leute vom Bau, einfache Arbeiter sowie eine Gruppe junger Motorradfahrer gingen hinein. Derjenige, nach dem er Ausschau hielt, hatte sich noch nicht gezeigt. Der Wetterdienst hatte für den Abend heftige Gewitter vorausgesagt und die ersten schweren Regentropfen fielen bereits. Trust hätte beinahe den alten Karren, auf den er wartete, übersehen. Zwanzig Meter von dem Lokal entfernt hielt der Wagen in einer Parkbucht.

„Da kommt er endlich", murmelte Trust nervös und steckte das von seinem Mitarbeiter bei den Recherchen geschossene Foto ein.

Bevor der Fahrer des verbeulten Kastenwagens in der Gaststätte verschwand, schaute er sich prüfend auf der Straße um, als suche er ein bestimmtes Auto.

„Gut, dass ich den Golf genommen habe, den kennt er nicht." Trust rieb sich die Hände. Er steckte seine Waffe in die Jackentasche und stieg aus. Auf der Beifahrerseite, im Schatten des Kastenwagens, bückte er sich und schien sich seine Schuhe zubinden zu müssen. Ganz nebenbei fanden seine Finger das Reifenventil. Dann lief er geduckt zurück. Gerade rechtzeitig, denn der Fahrer von eben kam wieder aus der Kneipe, stieg in sein altes Auto und wartete. Er schien enttäuscht zu sein.

Dr. Trust steuerte mit der schweren Plastiktüte in der Hand das Lokal an und öffnete die Kneipentür. Dunkelheit empfing ihn. Ein senkrechter heller Spalt in der Mitte zeigte ihm den Weg. Er schob die Filzportiere zur Seite und war plötzlich umgeben von Stimmen und Gelächter. An der dicht umlagerten Theke standen junge Leute. Der Jurist fand den freien Tisch mit dem kleinen Schild ‚Reserviert' direkt neben dem Eingang am Fenster und legte seinen Regenmantel über den Nebenstuhl. Die Tüte stellte er zur Wand hin ab. Zur Absicherung drückte er, nachdem er sich gesetzt hatte, sein Bein fest dagegen. In dem Schreiben des Erpressers hatte gestanden, er solle an dem reservierten Tisch warten, bis neue Anweisungen kämen. Trust schaute zu dem Wirt hinüber. Ob der eingeweiht war? Am Tresen begannen sich zwei junge Leute lautstark zu streiten.

Als Hans den ersten Rippenstoß erhielt, dachte er noch an ein Versehen. Beim zweiten schwappte das Bier aus dem Glas über seine Hand. „Pass doch auf, du Trottel!", schimpfte er und gab den Stoß zurück. Der Tresennachbar wies auf den fremden Gast an dem Tisch neben der Filzportiere. „Da vorn am Eingang, ist das nicht der Vorsitzende von diesem Naturschutzverein? Das Bild von dem Kerl war in der letzten Zeit öfters in der Zeitung. Weiß nicht mehr, wie der heißt."
Hans schaute auf und sagte nur: „Arschloch!"
„Was hast du gesagt? Was bin ich?" Im gleichen Augenblick fühlte Hans die Faust seines Tresennachbars im Gesicht. In die nun beginnende Keilerei mischten sich in kürzester Zeit die nächst stehenden Mitstreiter beider Parteien ein.
Trust wusste nicht genau, um was es ging. Zwei junge Leute hatten vorher zu ihm herüber geschaut. Hoffentlich würden die nicht um ein Autogramm bitten. Weiter kam er mit seinen Gedanken nicht. Er meinte, die Eingangstür hinter sich gehört zu haben. Da kommt der Erpresser, schoss es ihm durch den Kopf. Zwei der Streithähne wälzten sich auf seinen Tisch zu. Trust sprang auf. Ein weiterer Raufbold landete vor seinen Füßen und riss ihn mit um. Der Wirt kam gelaufen, half dem fremden Gast auf die Beine und zog ihn energisch aus der Gefahrenzone.

Heinrich hatte lange suchen müssen, um das geeignete Objekt zu finden. Es war ausgerechnet die Kneipe, in der sich sein Sohn mit Freunden traf. In dem nahen Großmarkt besserten sie ihr Taschengeld mit Nebenjobs auf. Der Bauer wartete in seinem Wagen noch fünf Minuten. Dann ging er zu dem Lokal. Leise öffnete er die Tür und schlüpfte lautlos in den dunklen Vorraum. Gepolter und Geschrei drang an seine Ohren. Vorsichtig schob er die Filzportiere zur Seite, gerade weit genug, um durch den Spalt das Gewünschte zu erblicken. Er ging in die Hocke und schob langsam seine Hand durch die Ritze in Richtung Gastraum. Als die Finger fanden, was sie gesucht hatten, hielt die andere Hand schon wieder die Türklinke fest. Als Heinrich in seinem Auto saß und losfuhr, vernahm er Radau in der Kneipe. Er meinte, seinen Sohn gehört zu haben. Doch dann wanderten seine Gedanken wieder mit einem Hochgefühl zum Inhalt der Plastiktüte. Alles andere war vergessen.

Hans hatte im wahrsten Sinne die Schnauze voll. Blut rann ihm aus Mundwinkel und Nase. Auch die fünf ebenfalls lädierten Kameraden saßen oder lagen in gekrümmter Haltung auf dem Gehweg. Der Wirt hatte kurzerhand mit zwei kräftigen Helfern die Hitzköpfe hinausgeworfen. „Arschlöcher", nuschelte Hans, „alles Arschlöcher", und ging mit schleppenden Schritten zu seinem Moped. Er wollte nur noch nach Hause.

Dr. Siegbert Trust bemerkte den Verlust des Aktenkoffers, als sich die Situation im Lokal beruhigte. „Verdammt, das Geld!" Der Jurist bückte sich, um im Halbdunkel den Boden unter dem Tisch abzusuchen. Er schob die Portiere zu Seite und jaulte auf, als ihm einer der Gäste auf die Finger trat. Langsam begriff er, dass man ihn gelinkt hatte. In Panik rannte er nach draußen. „Verflucht! Der Kastenwagen ist fort!" Trust hatte sich alles so fein ausgedacht. Er wollte sich das Geld kontrolliert stehlen lassen. Sobald der Erpresser den Geldkoffer in den Händen gehalten hätte, wäre der allseits bekannte und honorige Dr. Siegbert Trust aufgesprungen und hätte geschrien: „Mein Geld! Haltet den Dieb!" Hoffentlich gelingt mir wenigstens der Notfallplan, dachte er inbrünstig und zog hastig das vorbereitete Blatt Papier hervor. Mit durchdrehenden Reifen lenkte er den Wagen auf die Straße. Regen peitschte über den Asphalt.

Hans war kaum fünfzehn Minuten gefahren, als er oberhalb von Durlach auf der Rittnertstraße einen bekannten Wagen vor sich zu erkennen glaubte. Jemand hantierte an der Beifahrerseite herum. „Das fehlt mir noch. Mein Alter hat nen Plattfuß!"

Ein Golf überholte den Jungen. Die aufspritzenden Fontänen nahmen ihm für einen Moment die Sicht. Der fährt ja ohne Licht, wunderte sich Hans. Dann leuchteten Bremslichter auf. Ein paar Meter nach dem Kastenwagen kam der Golf zum Stehen. Aus dem PKW sprang eine Gestalt, lief geduckt zu dem alten Fahrzeug, zog die Fahrertür auf, reckte sich kurz in den Innenraum hinein und hastete schließlich mit einer hellen Tüte in der Hand zurück. Dann verschwand der Golf im Regen.

„Das darf doch nicht wahr sein. Der Kerl hat uns beklaut!" Hans gab Gas. Als er seinen Vater erreichte, kniete dieser immer noch schwer atmend am Hinterreifen.

„Hast du den nicht gesehen? Verdammt! Einer hat aus deinem Auto etwas genommen. Der hat dich beklaut!", schrie Hans gegen den Sturm an und zeigte in Richtung des im Dunkeln verschwundenen PKWs. Heinrich erhob sich fluchend. „Was ist los? Was hüpfst du hier herum?" Dann begriff er die zugerufenen Worte und rannte zur angelehnten Fahrertür. Hans klopfte auf den Sitz, auf dem ein bedrucktes Blatt Papier lag. „Der hat eine Tüte aus deinem Wagen mitgehen lassen."

„Dieser Mistkerl!", tobte Heinrich. Der Junge griff nach dem Stück Papier und las im Scheinwerferlicht: „Die Krötenwanderung ist beendet! Pass auf, sonst wirst du auch plattgemacht!" Verständnislos reichte er dem Vater das Blatt. „Fahr ihm nach, hol die Tüte zurück!", schrie dieser.

Der Junge sprang auf sein Moped und preschte los. Er holte alles aus der frisierten Maschine heraus, was möglich war.

Dr. Trust hatte das Waldstück zur Linken, was der kurvigen Straße den Namen gab, erreicht und schaltete das Fahrlicht ein. Er hatte vorgehabt, im großen Bogen über die Karlsruher Höhenorte zurück nach Hause zu fahren. Heftig trat er auf die Bremse. „Natürlich, wegen Kröten gesperrt!" Hastig schob er die Barriere zur Seite. Euphorie erfasste ihn. Er hatte sein Geld wieder und das ohne Waffengewalt. „Der Trottel war so mit seinem Reifen beschäftigt, der hat mich tatsächlich nicht bemerkt." Trust lachte in sich hinein.

Hans lag tief geduckt über dem Tank. Heftige Windböen erfassten das leichte Zweirad. Der Junge sah die abgeräumte Sperre und fuhr ungebremst weiter. Mehrmals konnte er im letzten Moment die rutschende Maschine auffangen. „Mistkröten!" Im flackernden Licht des Mopeds waren die Tiere kaum zu erkennen. Zudem trieb der Sturm abgerissene Äste vor sich her. Für eine Sekunde sah Hans die Rücklichter des Golfs. „Wenn die Bremslichter ein zweites Mal aufleuchten, fährt er durch die Kurve, wo der Dürrbach von der linken Straßenseite zur rechten geführt wird. Noch rund fünfhundert Meter bis zum anderen Ende der Barriere. Dort knöpf ich mir den Kerl vor."

Hans kam zur Kurve. Als der Lichtkegel des Mopeds das Hindernis erfasste, war es zum Bremsen zu spät. Ein harter Schlag und er flog samt seiner Maschine kopfüber in das Geäst einer abgebrochenen Baumkrone. Einen Moment blieb er benommen liegen. Dann rappelte er sich auf und betastete sich. „Gott sei Dank, nichts gebrochen!" Er zerrte sein Moped aus dem Gewirr der Zweige und probierte den Starter. Erleichtert hörte er das Tuckern des Motors. Der Baum musste gerade erst umgestürzt sein, denn sonst wäre auch der Golf zum Halten gekommen.

Der Junge suchte sich einen Weg um die Äste herum und wollte sich auf den Sattel schwingen. Da sah er den anderen PKW. Der war nicht viel weiter gekommen und klebte hinter dem Graben an einem Baum. Hans lief zu dem Wrack. Das vordere Drittel des Wagens verteilte sich zerrissen auf das angrenzende Gelände. Er riskierte einen Blick in den demolierten Innenraum. Der Fahrer befand sich nicht mehr auf seinem Sitz. Die Wucht des Aufpralls hatte ihn über das Armaturenbrett durch die Frontscheibe katapultiert. Der Mann war nicht angeschnallt gewesen. Der Airbag hatte vergebliche Hilfe geleistet. Rote Rinnsale liefen an dem weißen, schlaffen Kunststoffsack herunter. Die Beine des Jungen begannen zu zittern. Gelähmt stand er vor dem Blechknäuel und blickte hilflos in den zer-

trümmerten Innenraum. Da sah er in dem was einmal der Fuß-
raum gewesen war, eine Einkaufstüte. Hans schob sich weit
durch die verbogene, glaslose Fensteröffnung. „Geschafft!"
Keuchend riss er an der schweren Tragetasche. Irgendwo musste sie sich verhakt haben. Ein fester Ruck, das Geräusch von rei-
ßendem Material, und er hielt einen Aktenkoffer in der Hand,
jedenfalls eine Hälfte davon. Bunte Papierfetzen wirbelten um
ihn herum. Der Junge schnappte danach. „Geld! Geld!"

Das waren Geldscheine, die im Wind tanzten, emporstieben,
sich schließlich aus dem Lichtkegel des Motorrads rissen und
im Dunkeln verschwanden. Hans hetzte hinterher, ergriff den
einen Schein, verlor dabei den anderen. Die nächsten stopfte er
sich unter seine Lederjacke und in sein Hemd. „Ich werd verrückt, so viel Geld!" Er kroch auf dem lehmigen Boden herum,
rutschte in den Bachlauf, hastete über den Acker, immer den
Banknoten hinterher. Wie von Sinnen klaubte er sie auf. Plötzlich vernahm Hans ein Motorengeräusch. Mein Gott, der Vater,
schoss es ihm durch den Kopf. Er sprang auf und lief, die Arme
schwenkend, den größer werdenden Lichtern entgegen. Etwas
traf Hans an Brust und Kopf und schleuderte ihn zu Boden.
Ein lautes Knirschen und dumpfes Gepolter folgte. Glas split-
terte. Das letzte Geräusch das sein Gehirn wahrnahm, war leise
Musik aus dem Autoradio des Kastenwagens. Dann war es still
– totenstill.

Bis eine Stimme quäkte: „Hier ist Radio Regenbogen mit
den Dreiundzwanzig-Uhr-Nachrichten! Der tödliche Unfall
eines Naturschützers vor sechs Wochen auf der Kreisstraße
zwischen Durlach und Stupferich ist aufgeklärt. Ein eifersüch-
tiger Kröten-Mitaufsammler und Studienkollege des Getöteten
hat gestanden ..."

Brandwunden

Heute ist der Tag der Wahrheit. Achtzig Jahre lang hat er die Schuld tief in seinem Innern verborgen. Nun ist er gekommen, um sich ihr zu stellen. Wut, Ungerechtigkeit und Scham sind seit jeher die Gefühle, die er wie einen tobenden Drachen in sich gefangen hält. Heute wird er den Drachen freilassen, den Gefühlen erlauben, sich auszutoben.

Er steht vor der Stele, doch er nimmt sie nicht wahr, denn sein Blick ist in die Vergangenheit gerichtet. Er sieht seinen Freund vor sich, Hans, damals, mit zwölf Jahren. Er sieht Flammen den Nachthimmel erhellen und er sieht ein Buch vor sich. Sein Buch.

Wird er den Drachen loswerden, wenn er ihn einmal ausspuckt? Wird er Frieden schließen können oder an der Last zerbrechen? Er ist gekommen, es heraus zu finden. Wo wäre ein besserer Ort dafür als hier?

David lag auf seinem Bett in der Wohnküche, eingehüllt in die Wärme des Kohleherdes. Der Tag glitt an ihm vorbei. Draußen vor dem Fenster zogen dunkle Wolken an einem grauen Himmel dahin. Das trübe Wetter passte zu seiner Verfassung. Selbst wenn er nicht schlief, dämmerte er im Fieber vor sich hin. Er war zu schwach, um seinem Vater im Geschäft zu helfen, was er eigentlich gern tat. Ihm fehlte sogar die Kraft zu lesen, was er noch viel lieber mochte.

Ein neuerlicher Hustenanfall schüttelte seinen schmächtigen Jungenkörper und ihm wurde schwindelig vor Anstrengung. Wütend boxte er mit der Faust in die Decke. An alldem war nur sein Freund Hans schuld. Sein ehemaliger Freund, korrigierte er sich in Gedanken. Hans, der plötzlich nicht mehr mit ihm Fußball spielen wollte. Hans, der jetzt zur Hitlerjugend ging und ihn nicht mitnehmen wollte. Hans, der im Tonfall der Empörung sagte: „Die Hitlerjugend ist doch nicht für einen

Juden wie dich!" Nur weil Hans auf einmal nicht mehr sein Freund sein wollte, war er allein im Schlossgarten unterwegs gewesen. Und nur weil er allein gewesen war, hatte eine Horde Jungs ihn einfach so in den See im Schlossgarten werfen können, nachdem sie ihn verprügelt und als „Saujud" beschimpft hatten. Nur weil er ängstlich und hilflos über eine Stunde im kalten Wasser gehockt hatte, ehe er sich rausgewagt hatte, war er jetzt so krank. An allem war Hans schuld!

Von unten tönte die Glocke des kleinen Buchladens herauf. In letzter Zeit erklang sie nur selten, denn es kamen nur noch wenige Kunden zu seinem Vater. Seit Männer in langen Mänteln da gewesen waren und einen großen gelben Fleck auf schwarzem Grund auf das kleine Schaufenster gepinselt hatten, ertönte das helle Bimmeln nicht mehr oft. „So werden jetzt alle jüdischen Geschäfte markiert", hatte sein Vater versucht, ihm zu erklären. Doch die Frage nach dem Warum, hatte er ihm nicht beantworten können.

David wusste, dass er Jude war, wie sein Vater und dessen Vater. Doch es hatte bisher nie eine Bedeutung gehabt. In letzter Zeit aber hatte er das Wort oft gehört – heimlich geflüstert, zögernd gefragt, oder sogar verächtlich ausgespuckt.

Lautes Poltern auf der Treppe verriet ihm, dass der Kunde wieder gegangen sein musste und sein Vater zu ihm heraufkam. Mit einem dünnen Buch unter dem Arm betrat er die Wohnküche. David mochte noch immer Fieber haben, dieses Buch aber erkannte er auf Anhieb. Ein Lächeln legte sich auf seine Lippen, als sein Vater es ihm reichte. Der Buchdeckel war schon etwas abgegriffen, das Bild vorn auf dem hellen Karton verblasst. In geschwungenen Buchstaben stand auf dem Einband „Die Biene Maja und ihre Abenteuer" geschrieben. David liebte dieses Buch. Nicht nur, weil er die freche kleine Biene bewunderte und sie um ihre spannenden Erlebnisse beneidete. Sondern auch, weil der berühmte Autor Waldemar Bonsels ein Freund seines Vaters war, was den Vater in seinen Augen ebenfalls zu einer kleinen Berühmtheit machte. Zu Davids Geburt hatte Bonsels ein Buch seines großen Erfolges geschickt. Und dieses spezielle Exemplar war sogar mit einer handschriftlichen

Widmung für ihn versehen: „Für David – Folge stets der Neugier, beuge dich keiner Macht, lebe mit einem freien Geist und werde klug aus Worten und Taten." So stand es am unteren Ende der ersten Seite.

David verstand den Sinn der Worte nicht. Aber dass es große Worte waren und für ihn bestimmt, das wusste er. Und eines Tages würde er sie begreifen, hatte sein Vater ihm versichert. So lange verwahrte der das Buch für ihn. Normalerweise lag es unten im Schaufenster des kleinen Ladens. Doch manchmal brachte der Vater es mit hinauf.

David hielt das Buch seinem Vater entgegen. „Liest du mir vor?"

„Welches Kapitel soll es denn sein?"

„Wo Maja von den Hornissen gefangen wird."

Sein Vater blätterte raschelnd zu der gewünschten Seite und begann zu lesen. David vergaß Husten und Fieber und versank in der Geschichte. Er roch den blühenden Holunder, hörte das singende Rotkehlchen und erschrak mit Maja über das Auftauchen der Hornisse.

Lautes Gebrüll riss David aus den Abenteuern der kleinen Biene zurück in die Wirklichkeit. Sein Vater war schon auf halbem Weg die Treppe hinunter, als die Ladenglocke ertönte und das Rufen von draußen deutlich hereinklang. „Heraus mit Schmutz und Schund! Lest deutsche Dichter!" Ein Stimmengewirr brach los, dazu Gepolter und das ständige Läuten der Glocke. David hörte die Stimme seines Vaters. „Nicht! Nein! Was soll denn das?" Nicht die Worte, sondern der Klang der Stimme scheuchten David auf. Er kroch unter der warmen Decke hervor, tapste barfuß zur Treppe und schlich Stufe um Stufe hinunter. Bald blieb er stehen und starrte mit offenem Mund auf das Geschehen im Laden. Zwei kräftige Jungs in Uniform der Hitlerjugend hielten seinen Vater fest umklammert, während drei andere Bücher aus den Regalen zerrten und aus dem Laden trugen. Draußen stand ein Leiterwagen im Regen, über und über voll mit Büchern beladen. Die Jungs warfen die Bücher aus dem Laden einfach obenauf. Erst jetzt bemerkte David, dass noch ein sechster Junge im Laden stand, der Anführer. Aus seinem dunklen Haar tropfte der Regen, die finsteren Augen huschten an den Regalen entlang. Er verglich die Buchtitel der einsortierten Bücher mit einer Liste, die er bei sich trug und entschied, welche Bücher rausgeworfen wurden.

David schaute zu seinem Vater. Dessen Blick war stur geradeaus gerichtet. Er sagte nichts, wehrte sich nicht mehr. In seiner Hand hielt er immer noch „Die Biene Maja und ihre Abenteuer". Plötzlich riss einer der Uniformierten es ihm aus der Hand. „Bonsels? Der steht doch auch drauf, oder?", fragte er den mit der Liste.

„Waldemar Bonsels?", der Anführer schaute auf sein Papier. „Ja stimmt, kommt auch weg. Wegen der erotischen Passagen." Mit diesen Worten entriss er Davids Vater das Buch.

David entfuhr ein Schrei. „Nein!" Er wollte die Treppe hinunterlaufen und sich sein Buch zurück holen. Doch seine Beine versagten ihm den Dienst und er sackte auf den Stufen zusammen. Plötzlich stand jemand vor ihm. „Hey, du", brüllte der ihn an und wie durch einen Schleier erkannte David, dass es Hans war. „Mach, dass du verschwindest!" David traute seinen Augen und Ohren nicht und schüttelte den Kopf. Erst jetzt wurde ihm klar, dass Hans einer der Jungs war, die die Bücher raustrugen. Hans beugte sich kaum merklich zu David herab und begann zu flüstern: „David, bitte, geh wieder hoch. Ihr bekommt nur Ärger."

Zeitgleich kehrte das Leben in seinen Vater zurück. „Erotische Passagen? Bei der Biene Maja?" Er wehrte sich mit aller Macht gegen die Umklammerung der beiden Jugendlichen, schaffte es aber nicht, sich ihnen zu entwinden.

Der Listentyp schaute böse funkelnd von Hans zu David, zu dessen Vater und schließlich auf seine Liste. „Bonsels steht hier drauf. Das Buch kommt weg. Basta!"

„Aber es ist doch ein Kinderbuch. Das muss ein Irrtum sein", flehte Davids Vater. Der Anführer baute sich vor ihm auf und starrte ihn an. „Kein Mensch interessiert sich dafür, was du Saujude meinst", sagte er hämisch und rammte Davids Vater die Faust in den Bauch. Die Luft entwich zischend aus dessen Körper, als er zusammensackte. David schrie auf und brach in Tränen aus, schaffte es aber nicht, sich aufzurappeln.

„Halt's Maul und verschwinde!" rief einer der Großen.

Hans sah David flehentlich an. „Geh hoch", formten seine Lippen lautlos.

„Wir sind hier sowieso fertig", sagte der Listentyp und verließ den anderen voran den Laden. David saß zitternd vor Schreck und Fieber auf der Treppe und starrte Hans hinterher, der schweigend mit den anderen davontrottete.

Mittlerweile hatte Davids Vater sich aufgerappelt und trat zu seinem Sohn.

„David, ist alles in Ordnung?"

David nickte und schüttelte gleichzeitig den Kopf. Er war erleichtert, die Stimme seines Vaters zu hören, brachte aber nur zwei Worte hervor: „Mein Buch."

„Komm!" Der Vater zog David auf die Füße und führte ihn die Treppe hinauf. „Du gehst jetzt wieder ins Bett und ich gehe zur Polizeiwache und beschwere mich dort. Du wirst sehen, die müssen uns dein Buch zurückgeben."

David wollte ihm gern glauben, doch das Zaudern in seiner Stimme ließ ihn zweifeln. Während er sich vom Vater zudecken ließ, überlegte er sich darum einen eigenen Plan.

Gleich nachdem sein Vater im Kleppermantel das Haus verlassen hatte, stieg David aus dem Bett. Er hatte keine Zeit, sich anzuziehen und hüllte sich einfach nur in den warmen Lodenmantel seines Vaters. Nur drei Straßen weiter hatte er die Gruppe der Hitlerjungen um Hans eingeholt und schlich der Meute hinterher durch die menschenleeren Straßen. Der prasselnde Regen hatte die meisten Menschen ins Trockene getrieben und David trotz des Mantels binnen weniger Minuten bis auf die Haut durchnässt. Er begann zu frieren und fragte sich, warum Kälte und Regen den Jungs vor ihm scheinbar nichts anhaben konnten. Pfeifend und lachend zogen sie mit ihrem Leiterwagen voll gestohlener Bücher durch die Stadt, einer Bestimmung entgegen, die David bisher verborgen geblieben war. Er würde ihnen folgen, bis er verstand, was hier vor sich ging und sich dann sein Buch zurückholen.

Vom Durlacher Tor zog die Schar durch die Kaiserstraße nach Osten, vorbei an den vielen Läden, aus denen nun neugierige Gesichter schauten und manch Mutige mit Regenschirmen hinaustraten. Dann bog die Gruppe in Richtung Schlossplatz ab. Als der große Platz sich vor ihm auftat, blieb David unvermittelt stehen. Große und kleine Gruppen der Hitlerjungen und der ebenso uniformierten Mädchen strömten von allen Seiten auf den Schlossplatz. Jetzt erst nahm David das Trommeln wahr, unter dessen Takt sie aufmarschierten. Mitten auf dem Schlossplatz, neben dem großen Denkmal, um das David gemeinsam mit Hans schon manche Runde mit dem Roller gedreht hatte, gruppierten sie sich neben einem riesigen Haufen. David wischte sich den Regen aus dem Gesicht, um besser sehen zu können und erschrak. Es war ein mächtiger Holzstoß, in dessen Innern ein Berg von Büchern lag. Achtlos hingeworfen lagen manche offen, ihre Seiten wurden vom Gewicht der anderen zerknickt. Einzelne Blätter lagen lose auf und neben dem Stapel. Aus welchem Buch sie wohl herausgerissen waren? David sah große Bücher in dunklem Ledereinband, kleine dicke in buntem Leinen und manche, die so dünn waren, wie sein Buch.

Mittlerweile standen Menschen um ihn her, Männer und Frauen, Alte und Junge. Sie alle starrten wie er auf das Geschehen auf dem Schlossplatz. Manche lächelten, einige stimmten in die Lieder der Jugend ein, die, begleitet von ihren Musikzügen, zu singen begonnen hatten. Aber David sah auch einen Mann weinen. Dass die Tropfen in seinem Gesicht nicht allein vom Regen kamen, erkannte er an den Händen des Mannes, die zu Fäusten geballt an seiner Seite zuckten. Auch auf anderen Gesichtern sah David Schrecken und Angst. Schnell tastete er nach seiner Stirn. Ob sein Unbehagen dort ebenso zu lesen war? Er verstand noch immer nicht, was hier geschah. Warum sollte jemand Bücher stehlen, um sie dann zu verbrennen? Das ergab doch keinen Sinn. Und doch geschah es. Männer mit Fackeln traten vor und entzündeten den Holzstapel. Zuerst sah es so aus, als würde der immer noch strömende Regen ein Feuer unmöglich machen. Doch als David der stechende Geruch von Petroleum in die Nase stieg, wusste er, dass die Fackelträger gewinnen würden. Bald loderten große Flammen hell gegen den dunklen Abendhimmel. Die Hitze des Feuers erreichte die Umstehenden, vermochte David jedoch nicht zu wärmen. Sein Kopf glühte zwar, doch sein Leib schien starr vor Kälte und Nässe. Die Wärme brachte lediglich seine Müdigkeit zurück. David schwankte. Doch ein Gedanke hielt ihn aufrecht: Sein Buch. Irgendwo auf dem Wagen, von dem Hans und seine neuen Freunde nun Bücher in das Feuer warfen, war sein geliebtes Buch. Die Empörung brachte das Leben in seine Glieder zurück. Durch die Menge der Zuschauer schob er sich voran, näher zu der Gruppe von Hans. Bald war er so dicht an ihnen dran, dass er im flackernden Licht das Gesicht seines ehemaligen Freundes erkennen konnte. David kannte dieses Gesicht in- und auswendig. Er wusste, wie Freude die blauen Augen zum Leuchten brachte und wie es aussah, wenn Hans beim konzentrierten Denken seine Zunge ein Stück durch die Zähne herausschob. David war dabei gewesen, als Hans sich bei einem Sturz mit dem Fahrrad die kleine Narbe über der rechten Augenbraue zugezogen hatte und er konnte am Zucken der Nasenspitze erkennen, wenn Hans ihre Lehrerin anschwindelte.

Doch diesen Hans, so wie er da auf dem Wagen stand, hatte David noch nie gesehen. Das Gesicht sah aus wie eine Fratze. Die Zähne gebleckt, ein Grinsen auf den Lippen und doch einen Hauch von Abscheu im Blick warf Hans ein Buch nach dem anderen in die Flammen. Und dann – gerade so, als hätte Hans nur auf ihn gewartet – hielt er die Biene Maja in den Händen und stockte. Der Feuerschein tanzte auf dem Einband und ließ die Farben der abgebildeten Blumen und Sonnenstrahlen aufleuchten. „Für David – Folge stets der Neugier, beuge dich keiner Macht, lebe mit einem freien Geist und werde klug aus Worten und Taten." David konnte die Wörter vor seinem inneren Auge sehen. Irgendwo in seinem Kopf hörte er sie auch.

Dann segelte das Buch durch die Luft. Es drehte sich um sich selbst, Seiten fielen auseinander wie bei einem Fächer und schlossen sich wieder. Bruchstücke bekannter Bilder konnte David erhaschen, während er dem Flug des Buches mit den Augen folgte. Das Licht der Flammen stach ihn in die Augen. Er musste blinzeln, sich die Tränen fortwischen, ehe er wieder hinsehen konnte. Doch er hatte das Buch aus dem Blick verloren. Hektisch schaute er hierhin und dorthin, doch er fand es nicht mehr. Im gleißenden Schein und der sengenden Hitze des Scheiterhaufens war es verschwunden.

Während das Feuer gnadenlos Papier und Worte verschlang, stand David wie betäubt in der Menge. Er hörte die leidenschaftliche Rede eines dicken Mannes, der den Jungen und Mädchen Worte entgegenschrie, doch er verstand ihren Sinn nicht. Er beobachtete das Schwenken der Fahnen und hörte das „Sieg Heil" durch die Menge tosen, doch es rührte ihn nicht. Er stand noch immer im Dunkel der Bäume, die den Platz umstanden, als nach dem Verklingen des letzten Liedes endlich das Feuer gelöscht wurde und die Menschen von dannen zogen. Der Platz leerte sich nun schnell. Alle flohen vor Kälte und Regen, die David schon lange nicht mehr bemerkte. Obwohl sein Körper fror und schlotterte, glühte in seinem Inneren ein Kern, der ihn aufrecht hielt. Funken stoben durch seinen Kopf, erhellten manche Erinnerung und brannten schmerzhafte Löcher in andere. Wut und Trauer krochen in sein Herz. Beide verlangten gestillt zu werden. Doch David wusste nicht wie.

Schließlich trat er an die Reste des Haufens und nahm ein Stück rauchendes Holz in die Hand. Schmerzhaft bohrte sich ein Splitter in seinen Finger. Er war dankbar für diesen Schmerz, der echt war und gegen den er etwas tun konnte. Er zog den Splitter heraus, warf das Holz weg und machte sich auf den Weg nach Hause.

David nahm wie gewohnt die Abkürzung über den alten Friedhof, vorbei an den Überresten der Gräber manch berühmter Persönlichkeiten, bis hin zum Eingang des alten jüdischen Friedhofs. Beide Friedhöfe wurden schon lange nicht mehr genutzt und waren für David und Hans eher Spielplatz denn Gedenkstätte gewesen. Plötzlich trat eine Gestalt auf seinen Weg.

„David?"

Davids Herz und Füße blieben stehen. Er erkannte sein Gegenüber eher an der Stimme, als am Gesicht, das in der Finsternis kaum auszumachen war.

„David, bist du's?", fragte Hans noch einmal.

Davids Körper funktionierte völlig unabhängig von seinen Gedanken, so kam es ihm zumindest vor. Noch bevor sein Mund eine Antwort sprechen oder sein Gehirn ein Gefühl erkennen konnte, hatte seine Hand bereits einen Stein vom nächst gelegenen Grab gegriffen und nach Hans geworfen. Ein leises Stöhnen signalisierte, dass er getroffen hatte. Er warf einen weiteren Stein. Einen dafür, dass er krank war. Einen für die Stunde, die er im See gekauert hatte. Einen Stein für das bleiche Gesicht seines Vaters. Einen für die angsteinflößende Fratze. Und einen für sein Buch. Einen möglichst großen dafür, dass er nun nie wieder über die Worte auf der ersten Seite würde streichen können, bis er sie endlich verstehen würde. Zuletzt sank David völlig außer Atem zu Boden und kauerte dort neben Hans, der schon einige Steinwürfe zuvor in sich zusammengesackt war. Es dauerte einen Moment, ehe David bemerkte, dass das laute Keuchen allein aus seinem Mund drang. Hans bewegte sich nicht. David stupste ihn an: „Hans?" Seine Stimme zitterte. Er räusperte sich und versuchte es noch einmal. „Hans, steh auf!" Wieder rüttelte er an seinem ehemaligen Freund, doch der rührte sich nicht. David tastete nach seinem Gesicht und schlug ihn auf die Wangen, zog seine Hand aber jählings zurück, als er klebrige Flüssigkeit an seinen Fingern spürte. Grelle Panik flutete durch seinen Kopf. Er sprang auf, rannte zum Friedhofstor und floh.

David hatte kaum Erinnerungen an die folgende Zeit. Er hatte es nach Hause geschafft, war dort aber in ein Fieberdelirium gefallen, das jeden klaren Gedanken in seinem Kopf in Brand steckte und sterben ließ. Sein Vater, nach der Rückkehr seines unnützen Vorsprechens bei der Polizei schon in großer Sorge über das Verschwinden seines Sohnes, brachte ihn schließlich zum Arzt, der ihn sofort ins Krankenhaus einwies. Als David nach langen Wochen endlich genesen entlassen wurde, hatten seine Eltern in der Zwischenzeit ihre Ausreise nach England vorbereitet und verließen ihr Heimatland. Noch eine Flucht.

David sprach nie mit jemandem über diesen Abend des 17. Juni 1933. Zu tief saß die Scham. Zu groß war die Sorge vor der Enthüllung und zu angsteinflößend die möglichen Konsequenzen seiner Tat. So sehr er sich einredete, aus gerechter Empörung und im Fieberwahn gehandelt zu haben, so war es doch unbestreitbar: Er hatte seinen Freund getötet. Er war ein Mörder.

David Rosenbaum steht etwas abseits im Halbschatten einiger Bäume. Anders als vor achtzig Jahren scheint die Sonne und es ist ein heller Tag. Eine kleine Schar froher Menschen hat den Worten des Bürgermeisters gelauscht und die Enthüllung der Stele beobachtet, die an die Bücherverbrennung in Karlsruhe erinnern soll. Sie alle sind so jung, dass niemand von ihnen dabei gewesen sein wird. David braucht kein Mahnmal, um sich zu erinnern. Doch er hat dieses Zeichen der Stadt zum Anlass genommen, an den Ort seiner Schuld zurückzukehren und den Bildern seiner Erinnerung zum ersten Mal seit jenem Abend freien Lauf zu lassen. Er ist dankbar dafür, dass niemand ihn beachtet, den alten Mann im Hintergrund, der still vor sich hin weint. Viele Morde wurden an diesem Abend verübt: Tausende von Wörtern und Geschichten wurden ausgelöscht; Davids Freundschaft zu Hans wurde endgültig zerstört; Buchhändler und Autoren, die sich gegen die Aktion wehrten, wurden hingerichtet; und bekanntermaßen waren die Feuer im Juni 1933 nur erste Ausläufer der Höllenflammen, die bald darauf das Land verbrannten.

Nichts von alledem kann Davids Tat rechtfertigen, aber um all das weint er nun. Die jahrzehntelang aufgestauten Tränen fließen wie ein Meer aus seinem Inneren und schaffen Platz für eine Höhle, in der David seine Schuld zu Grabe tragen kann.

Die kleine Schar der Menschen ist längst gegangen, als David schließlich die letzten Tränen trocknet und seine Nase schnäuzt. Nur ein Mann, den er zuvor nicht wahrgenommen hat, steht noch da und schaut ihn unverwandt an. Irgendetwas an seinem Blick lässt David schaudern. Er will sich gerade umdrehen und den Schlossplatz verlassen, da setzt der Mann sich in Bewegung und kommt auf ihn zu. Er ist alt und stützt seinen gekrümmten Körper auf einen Vierfuß-Gehstock. Mit kleinen Schritten nähert er sich David, der wie gebannt auf das faltige Gesicht starrt. Leuchtende blaue Augen erinnern an das jüngere Ich im Körper des alten Mannes und bringen in David etwas zum Klingen. Direkt vor ihm bleibt der Mann stehen, lässt seinen Stock los und zieht mit zitternden Fingern ein dünnes Buch aus einem Beutel. Er hält es David entgegen. Der Einband ist alt und fleckig, schwarze Brandspuren ziehen über den gedunkelten Karton, doch die geschwungenen Worte sind noch immer zu lesen: „Die Biene Maja und ihre Abenteuer". David streckt zögernd die Hand aus, zieht sie aber zurück, ehe er das Buch berührt. Hans schlägt wortlos die erste Seite auf und dreht sie so, dass David lesen kann, was er als Junge nicht verstand. „Für David – Folge stets der Neugier, beuge dich keiner Macht, lebe mit einem freien Geist und werde klug aus Worten und Taten."

David nimmt das Buch vorsichtig in die Hand, als könnte es wie eine Luftblase zerplatzen, wenn er es berührt. Doch es ist real, ebenso wie Hans, der noch immer mit einem schüchternen Lächeln vor ihm steht.

„Ich habe es extra an den Rand des Haufens geworfen und es später wieder rausgeholt. Auf dem Friedhof wollte ich es dir zurückgeben."

„Ich wollte... ich hatte... ich dachte..." David schießen Entschuldigungen und Fragen durch den Kopf, doch kein sinnvoller Satz, der es wert wäre, der erste zu sein, den David nach so langer Zeit zu Hans sagt.

„Ich weiß", sagt Hans einfach nur.

Endlich umarmen die beiden alten Freunde einander.

DAS GEHEIMNIS DER KRYPTA

Angespannt und voller Erwartung schlich Ronald Weigand an den Häusern der Karl-Friedrich-Straße entlang. Am *Platz der Grundrechte* hielt er kurz inne. Jedes Mal, wenn er hier vorbeikam, fragte er sich, wer diese Tafeln mit den Grundrechten der Bundesrepublik Deutschland hatte aufstellen lassen. Um zu lesen, was da stand, musste der Ein-Meter-siebzig-Mann seinen Hals verrenken.

Er quetschte sich zwischen dem Badischen Landesmuseum und einem Bauzaun entlang, als sein Blick auf einen Aushang an der Eingangstür fiel. „Das Museum ist wegen eingedrungenem Baustaub derzeit geschlossen."

Karlsruhe, die Fächerstadt, mutierte seit Monaten zu einer riesigen Baustelle. Ronald Weigand hatte die Idee, die Straßenbahn in den Untergrund zu verlegen, noch nie gut gefunden. Für ihn war das reine Geldverschwendung. Während er seinen Gedanken nachhing, sprang eine große Pumpe im Baustellengraben der Kaiserstraße an. Wochenlange Regenfälle machten einen nächtlichen Einsatz dieser Gerätschaften erforderlich. Erschrocken wich er zurück und trat mit seinen neuen Dreihundert-Euro-Schuhen in den Matsch.

„Yeah, shit, Mann!", brüllte er den Arbeitern zu. „Was müsst ihr auch nachts arbeiten?" Fluchend überquerte er die Straße, um sich an einer Säule des Modehauses *Schöpf* anzulehnen. Von hier aus hatte er das Baustellenchaos rund um die Pyramide auf dem Marktplatz im Auge. Er fokussierte die letzte Ruhestätte des Stadtgründers Markgraf Karl III. Wilhelm von Baden-Durlach, der unter der Pyramide ruhte. Hier wollte ihn Marius Arndt um einundzwanzig Uhr treffen. Eine Viertelstunde war noch Zeit.

Marius Arndt – Weigand konnte sich noch präzise an einen gemeinsamen Kunstraub erinnern. Es kam zu Komplikationen, die beiden mehrere Jahre Knast einbrachten. Arndt wurde vorzeitig entlassen, weil er mit der Polizei kooperierte. Hatte er ihm diesen Deal als Wiedergutmachung vorgeschlagen?, fragte er sich, als er ihn neben der Pyramide erspähte. Trotz Dunkelheit und einsetzendem Regen erkannte er ihn sofort. Sein Ex-Coup-Partner blickte sich um, schien ihn zu suchen. Dann verschwand er in einer Baugrube. Niemand sonst hielt sich in diesem Bauabschnitt auf.

Ronald Weigand wollte sich gerade in Bewegung setzen, als eine große, schlanke männliche Gestalt mit übergestülpter Kapuze im Eilschritt, keine drei Meter neben ihm, über die Baustelle hechtete.

Er beschloss, in Deckung zu bleiben. Hier konnte ihn niemand sehen.

Arndt kroch, umhüllt vom Lichtkegel einer Baustellenlampe, aus der Tiefe hervor. Es hatte den Anschein, dass er zur Salzsäule erstarrte, als er den Kapuzenmann sah. Dann diskutierten die Männer, Arndt wurde laut. Um was es ging, konnte Weigand nicht verstehen, die Worte wurden vom Baustellenlärm geschluckt.

Urplötzlich fiel Arndt rückwärts in die Grube. Die schwarz gekleidete Gestalt sah sich kurz um, zielte mit einer Waffe, an der Weigand deutlich den langen Aufsatz des Schalldämpfers erkennen konnte, in das Erdloch und eilte davon.

Ihm stockte der Atem. Dennoch nahm er die Verfolgung auf, bis er zu dem im griechischen Stil erbauten Säulenvorbau der evangelischen Stadtkirche kam, um in deren Schatten einzutauchen. Der Fremde verschwand im *Hotel Kaiserhof*.

Mit Adleraugen beobachtete Weigand die Häuserfronten des Eckhotels und wurde hinreichend belohnt. Im zweiten Stock ging Licht an. Wenig später wurde ein Fenster geöffnet. Die Person blickte langsam und prüfend über den Marktplatz, schloss das Fenster, zog die Gardinen zu. Daraufhin wurde ein Fenster in Richtung Karl-Friedrich-Straße geöffnet. Hier starrte der Typ kurz auf das Polizeigebäude, ehe er dieses Fenster ebenfalls wieder schloss und die Vorhänge zuzog.

Flüchtig checkte Weigand das Umfeld, bevor er sein Versteck verließ, um zurückzugehen und die Baustelle in Höhe der

Commerzbank zu betreten.

Ein Blick auf Arndt, der mit verdrehtem Körper, offenen Augen sowie mit eindeutigen Schusswunden in Brust und Stirn in der Grube lag, ließ ihn erneut fluchen.

„Arschloch! Ich hätte einen Käufer gehabt."

Ein schneller Rundumblick verriet, dass niemand das Geschehene bemerkt hatte. Verhaltenen Schrittes ging er zu seinem Wagen und fuhr zurück nach Pforzheim, wo er seit Jahren auf dem Wartberg wohnte.

Tausend Gedanken ließen ihn nicht zur Ruhe kommen. Vielleicht konnte er doch noch an das Artefakt gelangen. Die Millionen für sich allein behalten …

Tags darauf parkte er seinen BMW 760i, den er sich nach einem nicht ganz astreinen Geschäft im letzten Jahr gegönnt hatte, in der Nähe des Ettlinger Tors und marschierte zielstrebig zum *Hotel Kaiserhof.* Dank freier Sicht und schnurgerader Straße konnte er von Weitem das Polizeiaufgebot rund um die Pyramide erkennen.

„Guten Morgen", begrüßte er die Rezeptionistin freundlich. „Ich bin mit einem Kunden verabredet, der bei Ihnen das Eckzimmer im zweiten Stock bewohnt, das mit Blick auf den Marktplatz. Dummerweise habe ich meine Unterlagen vergessen und weiß seinen Namen nicht auswendig", lächelte er.

Ausgesprochen seriös, im schwarzen Anzug mit weißem Hemd und Krawatte, flirtete er regelrecht mit der bildhübschen jungen Frau.

„Verzeihen Sie, ich habe mich nicht vorgestellt. Martin Maier von der Credit Suisse." Er streckte ihr die Hand entgegen und legte den Blick auf seine goldenen Armbänder frei.

„Angenehm", erwiderte die Schöne. Angesichts seines Auftretens und der äußerst charmanten Art dürfte sie keinerlei Zweifel an der Richtigkeit seines Anliegens gehabt haben.

„Meinen Sie den Herrn in Zimmer zweihundertacht?"

Weigand lehnte lässig an der Anmeldung.

„Zweihundertacht, ja, ich glaube das war es", nickte er bestätigend, als er einen Mann an der Treppe stehen sah. Ronald Weigand traf der stahlharte Blick eines Profikillers. Wie vom

Blitz getroffen wusste er, wen er da vor sich hatte. Sein Auge zuckte, wie immer, wenn er in Panik geriet. Arndts Mörder musste zumindest Bruchteile des Gespräches gehört haben.

Verunsichert drehte Weigand sich zu seiner Gesprächspartnerin um und sah sie fragend an. Diese jedoch wandte sich verlegen ihrem Gast zu, begrüßte ihn namentlich mit Castro. Ohne ein Wort zu verlieren, machte der Killer auf dem Absatz kehrt und lief die Treppen hinauf.

„Das ist der Herr von zweihundertacht? Nein, das dürfte ein Missverständnis sein. Ich werde wohl doch meine Unterlagen holen müssen. Danke für Ihre Bemühungen", flüsterte Weigand und verließ postwendend das Hotel.

Er überquerte die Straße, lief am Regierungspräsidium vorbei, in welchem zurzeit eine Bücherausstellung gastierte. Sein Blick saugte sich an einem Plakat fest, das auf eine „MordsLesung" hinwies, die gestern dort stattgefunden hatte.

„Tss – wie treffend", zischte er.

Zurück in seiner gemütlichen Wohnung, brodelte es in ihm. Er konnte sich nicht mit diesem Castro einlassen, der Kerl war drei Nummern zu groß. Aber der Mord an Arndt sollte nicht ungesühnt bleiben.

Weigand beschloss, zwei Häuser weiter Wellendorf-Renz aufzusuchen. Auch wenn der pensionierte Hauptkommissar, der mittlerweile als Sonderermittler fungierte, ihn ins Gefängnis gebracht hatte, so vertraute er ihm doch.

Wellendorf-Renz staunte nicht schlecht, als er die Tür öffnete.

„Ich muss mit Ihnen reden, bitte!", flehte Weigand.

„Ich wüsste nicht, worüber Sie mit mir reden wollen", knurrte Wellendorf-Renz, der offensichtlich bei seinem Mittagsschlaf gestört worden war.

„Es geht um Mord", sagte Weigand knapp.

„Gut, in einer halben Stunde auf neutralem Boden, am Wartbergbad."

Weigand vollzog eine Typverwandlung. Aus dem angeblichen Banker vom Morgen wurde ein sportlicher Zeitgenosse in Jeans, Cowboystiefeln und Softshell-Jacke. Auf seine goldenen

Armbänder und die Rolex verzichtete er jedoch niemals.

Peter Wellendorf-Renz, von seinen Freunden kurz Welle genannt, kam mühselig mit seinem Staffordshire Terrier Trollinger den Berg hochgeschnauft und steuerte direkt auf eine Bank zu. Dort wurde er von seinem sichtlich nervösen Nachbarn schon erwartet.

Ronald Weigand berichtete detailliert von den Geschehnissen in Karlsruhe. Welle hörte aufmerksam bis zum Schluss zu, ohne ihn auch nur einmal zu unterbrechen.

„Und Sie sind sich sicher, dass es sich um die einst verschwundene Herzkapsel des Markgrafen Karl III. Wilhelm handelt?", fragte Welle perplex.

„In jedem Fall. Arndt war total euphorisch, als er mich anrief. Wie ich Ihnen schon sagte, hat er sich als Bauarbeiter eingeschleust. Woher er wusste, dass es einen geheimen Raum neben der Grabkammer des Markgrafen gab, weiß ich nicht. Sicherlich von seinem Auftraggeber. Allein wäre er nicht auf so etwas gekommen, dazu war er schlichtweg zu dumm."

„Er muss wochenlang dort mitgearbeitet haben", bemerkte Welle.

„Ja, hat er. Er erzählte mir, dass die Arbeiten eine Weile ruhen mussten, da man auf der Südseite der Pyramide auf die Fundamentreste der Konkordienkirche stieß. Diese wurden abgetragen und gesichert. Erst danach konnte er sich seinem eigentlichem Ziel, die Herzkapsel zu finden, widmen."

„Konkordienkirche? Davon hab ich schon einmal gehört. Diese Kirche musste wegen einer früheren Umgestaltung des Marktplatzes weichen. Statt ihrer erbaute man über der Krypta die Pyramide. Richtig?"

„Genau", bestätigte Weigand. „Jedenfalls erwähnte Arndt, dass sich wohl neben der unterhalb des Straßenniveaus liegenden Grabkammer dieser winzige Geheimraum befinden würde. Er habe eine oxidierte Bronzeschatulle gefunden, die ein schweres, herzförmiges Gebilde aus Gold und mit Edelsteinen besetzt beinhalte. Darin soll sich das Herz des Markgrafen befinden." Weigands Augen funkelten bei der Beschreibung.

„Und er wollte sie Ihnen für zweieinhalb Millionen Euro verkaufen?", fragte Welle erstaunt.

„Wahrscheinlich merkte Arndt, dass mit diesem Fund wesentlich mehr Geld rauszuschlagen war, als man ihm bot. Mich kostete die Vermittlung lediglich zwei Telefonate. Heute Mittag wäre der Termin mit einem Gutachter und einem potenziellen Käufer gewesen."

„Und dieser Castro, was denken Sie, hat der damit zu tun?"

„Außer, dass ich gesehen habe, wie er Arndt beseitigte? Ich habe keine Ahnung. Schätze, er wird ausschließlich engagiert, um unliebsame Zeitgenossen aus dem Weg zu räumen." Er stockte, während Welle ihn fragend ansah.

„Aus dem Weg räumen? Aha!"

„Was? Ich verdiene mein Geld mit kleinen An- und Verkäufen, können Sie gerne überprüfen."

„Ja, schon klar", schmunzelte Welle. Er wusste gewiss, dass dieser Ganove nach wie vor seine Finger in krummen Geschäften hatte.

„Was machen wir jetzt?", fragte Weigand.

„Sie werden sich für die nächste Zeit in Luft auflösen, mir aber Ihre Handynummer geben. Ich kümmere mich um den Rest", sagte der pensionierte Hauptkommissar.

Welles Ziel war die St. Michaelskirche am Pforzheimer Schlossberg. Die Schloss- und Stiftskirche diente als Grablege der badischen Markgrafen und beherbergt noch heute gut erhaltene Särge in der Nord- und Südgruft, die für die Öffentlichkeit nicht zugänglich sind. Die Hoffnung des Pensionärs lag im Pfarramt. Selbst ihm, als alteingesessenem Pforzheimer, war bis dato nicht bekannt, dass die Herzkapsel nie wieder aufgefunden wurde. Welle fand es makaber, dass Karl Wilhelms Herz auf dem Sarg seiner Ehefrau, Magdalena Wilhelmine von Württemberg, deponiert worden war.

„Beide Grüfte wurden mehrfach umgestaltet. Vielleicht ging die Herzkapsel dabei schon im Jahr 1808 verloren", erklärte die Pfarrerin. „Vielleicht aber erst 1943, als das Tonnengewölbe gegen Fliegerbomben gesichert wurde."

„Ist es nicht ungewöhnlich, dass die Eingeweide fernab der Gebeine bestattet wurden?", wollte Welle wissen.

„Zu der damaligen Zeit war es ein durchaus üblicher Vorgang. Ich meine, es war eine testamentarische Verfügung des Markgrafen, dass er in der Konkordienkirche beigesetzt werden wollte. Zu diesem Zeitpunkt lebte seine Gattin noch. Wo sich Karl Wilhelms Organe bis zum Tod Magdalenas befanden, entzieht sich meiner Kenntnis. Die Ehe war wohl wegen einiger Mätressen und möglicher gemeinsamer Kinder ziemlich zerrüttet. Wer weiß, wer da gegen wen intrigiert hat."

„Ja, so etwas habe ich auch einmal gelesen. Glauben Sie, es hat jemand das Herz gestohlen, absichtlich, meine ich?"

„Seien Sie mir bitte nicht böse, mein Lieber, aber es wäre Ihre Aufgabe, das herauszufinden", antwortete die Pfarrerin und verabschiedete Welle.

Mit Trollinger lief er schnurstracks zum Kriminalkommissariat in der Bahnhofstraße. Hund und Herr waren immer gern gesehen, nur heute herrschte das blanke Chaos.

„Welle, wollen Sie uns helfen, Kartons zu packen, oder sind Sie schon wieder über eine Leiche gestolpert?", begrüßte ihn Polizeichef Hartmut Musterer, der sogleich ausgiebig Trollinger kraulte.

„Nein, ich helfe nicht, und ja, allerdings indirekt. Ich muss mit Kuhlmann sprechen. Wo steckt er?"

Vereinzelte Abteilungen der Kripo, nebst den Chefetagen der Pforzheimer Polizei, siedelten im Zuge der Polizeireform nach Karlsruhe um. Die Flure waren vollgestellt mit Umzugskartons und glichen einer großen Rumpelkammer. Polizeibeamte mutierten zu Kistenpackern in blauen Latzhosen.

Welle kämpfte sich bis zu Kuhlmanns Büro durch. Die Tür stand offen.

„Holger?"

„Hier", rief dieser und schob sich hinter einem Turm aus Kisten hervor.

„Ich denke, du bleibst hier?", fragte Welle entsetzt.

Kuhlmann grinste seinen Ex-Chef breit an.

„Bleib locker Peter, ich miste fürs Archiv aus."

Erleichtert schloss der Sonderermittler die Tür und nahm hinter dem Schreibtisch Platz, da alle anderen Sitzgelegenheiten mit Akten belegt waren.

„Ich brauche deine Hilfe."

Bei einem Pott Kaffee erzählte Welle, was geschehen war.

„Hammer! Du stolperst immer öfter über skurrile Fälle. Schade, dass ich da nicht mitmischen darf. So ein richtiger Kunstraub – oder wie sonst soll man das Stehlen einer zweihundertsechsundsiebzig Jahre alten Herzkapsel bezeichnen – das wär's! Du weißt schon, dass Weigand ein kleines Antiquariat in der Innenstadt besitzt?"

„Ja klar. Aber Dreck am Stecken hat er garantiert auch. Umsonst kann der sich keine 544 PS starke Nobelkarosse leisten."

Kuhlmann griff zum Telefon, um sich mit den Kollegen in Karlsruhe in Verbindung zu setzen. Hauptkommissar Edel sei zuständig, befände sich derzeit auf der Baustelle, dem Tatort. Gegen siebzehn Uhr wäre er wieder zu erreichen.

Dann suchte er in den Tiefen des Polizeiregisters nach Castro. Sekunden später spuckte der Drucker eine kurze Liste aus.

Bislang war es noch nicht gelungen, Philipp Castros wahre Identität festzustellen. Er bediente sich oft neuer Decknamen. Lediglich ein Phantombild und eine Personenbeschreibung gab es.

Kuhlmann reichte Welle einen Notizzettel mit Edels Namen, der Telefonnummer des Kommissariats sowie den Ausdruck.

„Ich wünsche dir viel Glück und pass auf dich auf."

„Danke. Mein Bauchgefühl sagt mir, dass in Karlsruhe etwas am Brodeln ist. Ich fahre hin." Welle verabschiedete sich, eilte nach Hause, holte seinen alten VW Käfer aus der Garage und fuhr geradewegs nach Karlsruhe. Die Straßen waren verstopft. Es herrschte Feierabendverkehr.

Von Polizei war auf dem Marktplatz nichts mehr zu sehen, so steuerte er direkt auf das *Hotel Kaiserhof* zu. Der Empfangsdame zeigte Welle seinen Ausweis, der ihn als Sonderermittler der Kriminalpolizei auswies.

„Ist Zimmer zweihundertacht noch vermietet?"

Nach einem Blick auf den Bildschirm bestätigte sie:

„Ja. Jedoch möchte Herr Castro in Kürze auschecken, seine Rechnung hat er vorhin beglichen."

„Ist er gerade da?"

„Ja. Vor zehn Minuten bekam er Besuch von einem Herrn Alzfeld."

„Müssen Besucher hier immer ihren Namen hinterlassen?", fragte Welle verwundert.

„Nein, nein, er stellte sich mit seinem Namen vor und sagte, er sei Antiquitätenhändler."

„Alzfeld, Antiquitätenhändler. Aha. Danke vorerst."

Welle überquerte die Straße und betrat den Vorbau des Polizeigebäudes vis-à-vis dem Hotel. Es war bereits finster. Er blickte auf seine Armbanduhr, zog den schnüffelnden Trollinger heran und stellte sich hinter eine der sechs dunklen Säulen des Eingangsbereiches. Von hier hatte er einen guten Blick auf den Hoteleingang und die beleuchteten Fenster von Zimmer zweihundertacht.

Welle zog sein Handy aus der Tasche und rief Edel an. Der Hauptkommissar zeigte sich hellhörig, nachdem Welle ihm versichert hatte, einen Zeugen für den Mord an Arndt zu haben. Richtig auf den Plan gerufen wurde er mit Welles Aussage, dass er den mutmaßlichen Mörder im Visier habe.

„Wie, Sie beobachten die Zielperson?"

„Ich stehe am Polizeigebäude Ecke Hebelstraße und habe das Hotelfenster des Täters sowie den Eingang des Hotels im Blick. Sie sollten sich schleunigst etwas einfallen lassen. Philipp Castro ist aller Voraussicht nach ein Profikiller und im Begriff abzureisen", erklärte Welle im Schnelldurchlauf.

„Gut, bitte bleiben Sie, wo Sie sind. Wir beeilen uns. Sie wissen ja, dass wir dort, wo Sie stehen, nicht unsere Büros haben."

Welle tauschte schnell noch die Handynummern mit Edel aus, als Trollinger an der Leine zerrte.

„Fix noch mal, was soll das?", zischte er seinen Hund an. Doch Trollinger zog ihn aus der Deckung. In diesem Moment meinte der Pensionär, eine männliche Gestalt und hektische Bewegungen hinter einem der beiden Zimmerfenster zu sehen.

„Verdammt, hoffentlich hat der uns nicht bemerkt", entfuhr es ihm, während er sich wieder hinter eine Säule drückte.

Nach zehn Minuten griff er erneut zu seinem Mobiltelefon.

„Hier Wellendorf-Renz. Edel, wo sind Sie? Hier tut sich etwas", raunte er ins Telefon.

„Schauen Sie mal rüber zum Rathaus."

Welle sah einen hochgewachsenen Mann winken und gab den Gruß zurück. Jetzt sah er auch die Kollegen vom SEK aus der Hebelstraße herbeieilen.

„Respekt, Kollege, ihr seid schnell", sagte Welle und beendete das Gespräch.

Der Karlsruher Hauptkommissar steuerte zielstrebig auf einen schwarzen Van zu, der, aus nördlicher Richtung kommend, langsam auf der linken Seite über den Marktplatz rollte. Das SEK sicherte den Hoteleingang von beiden Seiten. Zwei Mann begaben sich an die Säulen, an denen Welle wartete. Vier Verkehrspolizisten sperrten die Hebelstraße und die Karl-Friedrich-Straße aus südlicher Richtung ab. Edel verschwand kurz im Einsatzbus, tauchte aber sofort wieder auf und begab sich zu Wellendorf-Renz, der anerkennend nickte. Just in diesem Moment stieß Ronald Weigand zu den Kommissaren.

„Was, zum Teufel, machen Sie hier, sind Sie wahnsinnig?", fauchte der Pforzheimer Ex-Kommissar ihn an.

„Ein Vögelchen hat mir gezwitschert, dass dieser Drecksack einen weiteren Geschäftspartner von mir auf dem Gewissen hat. Das ist jetzt meine Angelegenheit", erwiderte Weigand, sprintete über die Straße und verschwand im Eingang.

Welle klärte Kollege Edel in drei Sätzen auf.

„Das war der Zeuge?", fragte Edel entsetzt.

Gleichzeitig gingen oben im Zimmer die Lichter aus.

„Mist!", raunte Welle und eilte Edel hinterher, der zum Hotel hinüberrannte. Noch bevor sie sich richtig austauschen konnten, kam Philipp Castro mit einer Reisetasche und einem Aktenkoffer unter dem Arm aus der Glastür heraus.

Augenblicklich war er vom SEK umzingelt. Seinem Gesichtsausdruck war deutliche Verblüffung anzusehen. Trollinger knurrte. Er stand zwischen dem Killer und den Kommissaren, was ein Entkommen unmöglich machte. Eine kleine Bewegung nach rechts von Castro hatte zur Folge, dass Trollinger zähnefletschend auf ihn zusprang und ein roter Punkt des SEK-Scharfschützen auf Castros Stirn erschien.

„Nehmen Sie die Hände hoch", dröhnte es durch die Nacht.

Nach einer kurzen Belehrung Edels an Castro gerichtet,

stieß dieser ein unflätiges Wort aus, bevor er abgeführt wurde.

Welle wandte sich indes an seinen Kollegen: „Castro hatte Besuch. Da niemand sonst das Hotel verlassen hat, sollten wir nachsehen. Weigand fehlt ebenfalls noch."

Die Beamten erbaten den Schlüssel für Zimmer zweihundertacht. Auf dem Flur der zweiten Etage stolperten sie über Weigand, der bewusstlos mitten im Weg lag. Die Zimmertür war nicht verschlossen, nur angelehnt. Edel schob sie leise auf.

„Hallo! Hallo, ist hier jemand?"

Trollinger knurrte heiser. Welle kannte die Reaktion seines Hundes und sagte zu Edel: „Da drin gibt es eine Leiche. Trollinger verhält sich grundsätzlich so, wenn er Tote wittert."

Die Bestätigung ließ nicht lange auf sich warten. Großflächig verteilte Blutspritzer und Fetzen von Hirnmasse sprenkelten die weiße Wand. In der Duschwanne lag ein zusammengesackter männlicher Leichnam.

Des Markgrafen Herzkapsel

Phil saß vorm Fenster seiner Suite im *Hotel Kaiserhof* und richtete den Blick durchs Nachtsichtzielfernrohr der Knight KAC SR 25. Einem Scharfschützengewehr, das er nur deshalb zusammengebaut und angelegt hatte, um besser erkennen zu können, was sich im Bereich der Pyramide am Marktplatz der badischen Residenzstadt abspielte.

Er traute Marius Arndt nicht. Ein durchtriebener Kunstdieb und ständig pleite. Klaute alles, was ihm in die Finger geriet, unfähig, daraus ordentlich Kapital zu schlagen. Drehte sich stets wie das Fähnchen im Wind und fand nie die richtige Richtung.

Seit Tagen schon ahnte Phil, dass dieses Schlitzohr die Nebenkammer gefunden und eine Öffnung ins Mauerwerk getrieben hatte. Unterstützt durch die Freilegung der Fundamentreste der einstmaligen Kirche und deren Bergung. Trotzdem hatte er vermieden, dem Ganoven zu früh auf die Pelle zu rücken. Hatte ihm die Gelegenheit geben wollen, sich wie vereinbart bei ihm zu melden. Stattdessen war Arndt nach Einbruch der Dunkelheit an der Pyramide aufgetaucht und seither in ihrem Untergrund verschwunden.

Jetzt war es gleich halb neun und Phil spürte Ungeduld in sich hochkriechen. Da spielte sich etwas ab, und er hätte wetten können, dass dies nicht mit seinen Plänen konform lief.

Er schwenkte das Gewehr, überprüfte den waidwunden Marktplatz, der einem überdimensionierten Sandkasten glich. Die Karlsruher waren dabei, ihre Straßenbahnen in die Tiefe zu versenken und dementsprechend ging es in der Stadt zu wie in einem Irrenhaus.

Außer dem Langfinger schien sich niemand in der Nähe der eingepackten Pyramide aufzuhalten. Ja, die Karlsruher hatten vorgesorgt und das markante Grabmal gut verstaut. Damit ihrem Lieblingsbauwerk nichts geschah. Immerhin lag darunter der Stadtgründer. Oder was von ihm übrig war. Was sie allerdings nicht vermeiden konnten, war die Einschleusung von Marius Arndt in den Bautrupp, um ein nicht geplantes Loch zu graben. Hinter der Pyramide. Vom Hotel her gut einzusehen.

Der Dieb wusste nichts von Phils Beschattung, er kannte ihn noch nicht einmal persönlich. Dieses Manko würde Phil jedoch unverzüglich bereinigen.

Er ließ das Gewehr sinken, demontierte es gewissenhaft, legte es in den schmalen Waffenkoffer. Verstaute diesen unter der Wäsche im Schrank. Zog sich die schwarze Wolfskin-Outdoorjacke an und die feinledernen Handschuhe. Steckte die handliche Glock 26 ein, bestückt mit Schalldämpfer und Unterschallmunition.

Vor der Hoteltür stülpte er sich die Kapuze über, es regnete. Zwar nicht sehr stark, dennoch glänzte alles im Licht der Straßenlampen. Zum Glück war kaum jemand unterwegs, um diese Zeit hatten die Leute bestimmt Besseres zu tun.

Phil überquerte die Karl-Friedrich-Straße, beäugte für einen Moment den hinter wuchtigen Säulen verborgenen Haupteingang des Polizeigebäudes, wandte sich ab und überquerte die Hebelstraße. Trabte den Bauzaun entlang, der den weitläufigen Marktplatz komplett umfasste, vorbei am Sozialgericht, an einer Kirche mit imposanten Säulen davor, an einem Lokal und am Karlsruher Verkehrsverbund im Weinbrennerhaus. In Höhe der Pyramide blieb er vor einem Modehaus-Schaufenster stehen.

Ein scharfer Blick nach beiden Seiten bestätigte, keiner der vorbeieilenden Fußgänger richtete sein Augenmerk auf ihn.

Rasch steuerte er auf den Bauzaun zu, peilte die Stelle an, die Arndt manipuliert hatte, um jederzeit ungestört in den Baustellenbereich zu gelangen.

Nach wenigen schnellen Schritten stand Phil vor dem Grubenabgang, verborgen zwischen Erdhaufen und Pyramidenhinterfront. Hörte leises Scharren und Fluchen, sah das erlöschende Flackern einer Lampe. Dann kam Arndt die provisorischen Stufen heraufgestampft. Sein blondes Strubbelhaar erleuchtet von einer Baustellenlampe wie ein Heiligenschein.

Phil entging der erschrockene Blick nicht, der sich auf Arndts bleiche Visage legte, als er ihm gegenüberstand.

„Wer sind Sie?" Arndt wirkte verwirrt, schaute sich um, als suche er jemand, als wolle er an Phil vorbeidrängen.

Phil umgriff die Glock in der linken Jackentasche und öffnete seine rechte Hand. „Du hast etwas für mich, Marius Arndt."

Der Dieb stutzte. Ließ im selben Moment etwas in der Tasche seiner gelben Regenjacke verschwinden. Die andere Hand ballte er zur Faust.

Phil befürchtete bereits, worauf das hinauslaufen würde. „Der Fund!" Zur Bekräftigung machte er lockende Bewegungen mit dem Zeigefinger. „Oder hattest du was anderes damit vor?"

Arndt zuckte zusammen wie ein ertapptes Kind, nur kurz, zeigte sogleich Unwilligkeit.

Das vertrug Phil überhaupt nicht. Seine Linke umfasste die Glock fester. „Du hast dich nach dem Aufbruch der Kammer nicht bei mir gemeldet."

„Das wollte ich doch noch. Ich musste mich erst versichern, ob der Schatz auch da war." Arndt wurde laut. Blickte herum wie gehetztes Wild.

„Nun hast du dich ja versichert", knurrte Phil.

Arndt nahm die Hand aus der Tasche, streckte ihm etwas Goldglänzendes entgegen. Zögerlich.

Phil erkannte ein Herz, etwa in der Größe eines Straußeneies.

„Sie müssen den Preis erhöhen." Die Stimme des Diebes klang trotzig.

Phil griff nach der Kostbarkeit. Wog sie in seiner Hand. Überaus schwer, garantiert reines Gold. Es glitzerte. Vielleicht Diamanten inmitten der eingravierten Beschriftung?

Arndt wischte sich über die Stirn. „Das ist die innere Kapsel. Es gibt jemanden, der ein Vermögen dafür zahlen will. Die äußere steht noch unten. Ist nur aus Bronze." Der Gauner druckste herum. „Das Ding da ist wertvoller als gedacht. Und es war echt schwer, dranzukommen – die ganze Drecksarbeit hab schließlich ich allein gemacht. Das ist weitaus mehr wert als fünfzig Mille. Oder …"

Phil zog die Glock aus der Tasche. Zielte auf Arndts Stirn. „Oder was?" Er drückte ab.

Der Schuss war nur ein leises Zischen, die Wirkung hingegen enorm. Arndt kippte nach hinten, die Augen weit offen, herausgezerrt aus einem letzten Gedanken, einem letzten Verlangen. Ein dumpfer Schlag, und der Halunke lag ein paar Meter tiefer in der Grube. Beschienen von der Baustellenlampe, wie extra für seinen Abgang installiert.

Phil setzte drei Schüsse nach, zwei ins Herz, einen weiteren in die Stirn. Overkilled – sicher war sicher. Dann steckte er die Glock zurück in die Jackentasche, das heiß begehrte Artefakt in die andere, warf einen prüfenden Blick über den Marktplatz und machte sich schleunigst davon. Nichts wie ab ins Warme, er war mittlerweile klatschnass von diesem bescheuerten Regen.

Im Zimmer schaltete er zuerst das Licht an, dann hängte er die triefnasse Jacke in die Dusche, stellte die Schuhe davor.

Verstaute den Schatz im Schrank.

Die Vorhänge waren noch offen. Sofort ging er zu den Fenstern, die in Richtung Marktplatz lagen, riss eines auf, ließ seinen Blick umherschweifen, alles ruhig, schloss es wieder, zerrte den Stoff vor. Ging zu den Fenstern in Richtung Karl-Friedrich-Straße, verharrte kurz, bevor er auch hier eines öffnete. Schaute hinüber zum Polizeigebäude, sah eine Gestalt zwischen den Säulen verschwinden. Na ja, das Gebäude war öffentlich, also durfte sich auch jemand dort herumtreiben. Ansonsten fuhren vereinzelte Autos, liefen ein paar versprengte Leute, manche versteckt unter Schirmen.

Beruhigt schloss er auch diesen Fensterflügel und die Vorhänge. Ließ das Geschehene Revue passieren.

Eigentlich lehnte er derartige Aufträge ab. Zu viele Verstrickungen, die alles unübersichtlich machten, zu viele Leute, die ihn zu Gesicht bekamen. Er operierte vorzugsweise im Hintergrund, um zuzuschlagen, wenn keiner damit rechnete. In diesem Fall hielt er sich schon viel zu lange am selben Ort auf. Dabei genoss er es durchaus, sich in dem Vier-Sterne-Hotel verwöhnen zu lassen. Aber er musste immer auf der Hut sein vor dem nächsten Schritt, durfte bei seinen Observationen nicht auffallen, keine Kontakte knüpfen. Musste allem aus dem Weg gehen, was mit ihm in Verbindung gebracht werden konnte oder eine Erinnerung an ihn zurückließ. Und sogar das konnte auffällig sein.

Er aktivierte sein Smartphone. Tippte Zahlen ein.

Der Auftraggeber meldete sich schneller als gedacht. „Und? Haben Sie sie?"

„Ja. Wann und wo findet die Übergabe statt?"

„Morgen bei Ihnen im Hotel. Kann aber später werden."

„Ich checke morgen früh aus." Phil wollte keine unnötige Minute mehr in diesem Hotel bleiben.

„Nein, nein, mein Guter. Sie warten schön brav. Denn es gibt keinen besseren Übergabeort als Ihr Zimmer."

„Spätestens um zwanzig Uhr bin ich weg", konterte Phil und beendete das Gespräch. Entfernte die Sim-Karte aus dem Gerät. Verärgerung machte sich breit. Noch so ein Punkt, den er nicht guthieß. Eigentlich stellte er die Bedingungen und nicht ein dubioser Auftraggeber, der mit Sicherheit noch andere krumme Touren am Laufen hatte.

Noch vor dem Frühstück verlangte es Phil nach frischer Luft. Nur ein bisschen laufen, Richtung Obelisk, am Ettlinger Tor vorbei, vielleicht den Friedrichsplatz umrunden, wo sie schon die Weihnachtsbuden aufbauten. Alles im leichten Trab, um sich fit zu halten nach all den Tagen im Ruhemodus hinter dem Fernglas und dem Objektiv seines Zielfernrohrs.

Er spürte eine leicht muntere Stimmung in sich aufkommen, eine nahezu freudige, als er die Treppe zur Rezeption hinuntereilte.

An der letzten Stufe angelangt, hörte er eine Männerstimme „Eckzimmer im zweiten Stock" sagen. Hörte die Lady hinterm Tresen „Zimmer 208" antworten.

Phil blieb stehen. Ernüchterung ließ ihn blitzartig frösteln. Er sah den hageren Endvierziger im schwarzen Anzug am Tresen kleben, sah ihn die junge Frau anlächeln.

Phil rührte sich nicht. Sein Blick blieb fest im Nacken des Fremden sitzen, bis der sich aufrichtete, sich zu ihm umdrehte. Er sah, wie das rechte Auge des Mannes zuckte, sah die pockennarbige Gesichtshaut, das spärlich blonde Haar. Sah goldene Armketten aufblinken, als der Fremde sich nervös über die Narbe neben dem zuckenden Auge fuhr. Phil entging auch nicht die Rolex am anderen Handgelenk, das noch auf dem Tresen ruhte.

Die Rezeptionistin hatte ihren Fauxpas wohl mittlerweile bemerkt, sie setzte ein entschuldigendes Lächeln auf. „Guten Morgen, Herr Castro! Dieser Herr ..." Weiter kam sie nicht.

Phil wandte sich um und spurtete die Treppe hoch. Atmete ein paarmal durch. Überlegte, was besser wäre. Den Fremden zur Rede stellen, wobei er zweifellos Aufmerksamkeit auf sich lenken würde, oder der Schönheit am Empfang die Nichtigkeit dieses Aufeinandertreffens zu demonstrieren.

Er beschloss zu warten. Eine Minute. Das musste genügen.

Ging erneut zur Rezeption hinunter. Der Fremde war verschwunden.

Phil versuchte, freundlich zu sein. „Wissen Sie, wer dieser Herr war?"

Die junge Frau schenkte ihm einen charmanten Augenaufschlag. „Bitte entschuldigen Sie, Herr Castro. Dem Anschein nach handelte es sich um eine Verwechslung, ein Missverständnis."

Phil warf ihr ein leichtes Nicken zu und verließ das Hotel. Und obwohl ihm die Freude auf eine Trainingsrunde vergangen war, sprintete er los. Ignorierte das Polizeiaufgebot am Marktplatz. Ignorierte die abbremsende BMW-Limousine und das Paar, das daraus ausstieg. Ignorierte, wie die sportliche Blonde den kurzgeschorenen Hünen mit „Hauptkommissar Edel" vorstellte, während ein Uniformierter auf sie zumarschierte.

Phil versank in quälende Überlegungen. Was der Fremde gewollt haben mochte?

Keine zwei Stunden später beobachtete er vom Fenster aus das Spektakel um die Pyramide herum. Sie bargen den Toten. Mit einem Aufwand, als läge der Karlsruher Oberbürgermeister persönlich in der Grube. Inzwischen mussten sie auch den Eingang bemerkt haben, den freigelegten. Mussten die geheime Nebenkammer entdeckt haben, die eigentlich nirgends verzeichnet war, um erstaunt festzustellen, dass jemand etwas gesucht hatte. Und gefunden. Etwas Wertvolles, von dessen

Existenz sie nichts geahnt hatten.

Phil lachte auf. Dann wandte er sich ab.

Ließ sich aufs Bett fallen. Schloss die Augen. Agierte somit völlig entgegen seiner Prinzipien. Er musste einen ganzen Tag totschlagen. Sich gedulden, bis Alzfeld kam. Dieser Abkömmling jenes Hurensohnes, der es Dank seines halbedlen Blutes geschafft hatte, Pfaffe der längst verschwundenen Konkordienkirche zu werden, in dessen Gruft der badische Monarch die letzte Ruhe gefunden hatte.

„Philipp Castro? Ich bin Ferdinand Alzfeld. Schön, dass wir uns einmal kennenlernen."

Der Auftraggeber stand vor ihm, ein verschlagenes Grinsen im Gesicht, in den zusammengekniffenen Augen.

„Na endlich!", brummte Phil. Das lange Warten zermürbte sein Gemüt. Mit einer ungeduldigen Gestik manövrierte er Alzfeld ins Zimmer.

Der gehorchte, schlängelte seinen mageren Körper in den weitläufigen Raum, blieb unschlüssig stehen. „Und? Wo ist sie?" Er reckte seinen Giraffenhals ins Unermessliche, sein Adamsapfel hüpfte aufgeregt bei jedem nervösen Schlucken.

„Erst das Geld!" Phil deutete auf den braunledernen Aktenkoffer, den Alzfeld verkrampft in seinen Händen hielt.

„Erst zeigen Sie mir die Kapsel." Die Augen des zwielichtigen Antiquitätenhändlers glänzten gierig.

Missmutig holte Phil das Kleinod aus dem Schrank, hielt es Alzfeld vor die Augen. Der wollte danach grabschen. Phil war schneller. In einer einzigen fließenden Bewegung machte er einen Schritt zurück und verbarg die Preziose hinter sich.

„Das Geld!" Fordernd deutete er wiederholt auf den Koffer.

Alzfeld hüstelte verkrampft, legte den Koffer auf den kleinen runden Glastisch, schnippte die Schnallen auf. Setzte sich auf das hellgraue Zweisitzersofa. Warf die Beine übereinander, verschlang die Arme vor der Brust. Versuchte eindeutig, Entspanntheit zu demonstrieren.

Was Phil überging. Die Scheine – die vielen Scheine ließen ihn schmunzeln. Mit einem Mal fühlte er sich erheblich besser.

„Wollen Sie es zählen?" Alzfeld zog die Augenbrauen hoch.

Vermutlich flatterten ihm die Nerven bei dem Gedanken, solange warten zu müssen. „Es sind fünfhunderttausend. Echte Euronoten. Alle gebraucht und nicht durchnummeriert. Sie können mir vertrauen."

„Tatsächlich?" Phil schlug den Koffer zu. Schaute Alzfeld in die fahlblauen Augen.

Dieser blinzelte verunsichert, grinste nervös zurück. Dann streckte er den Rücken und hob das Kinn. „Ich bin der legitime Nachkomme von Pastor Theodor Alzfeld, einem Sohn des Markgrafen Karl III. Wilhelm von Baden-Durlach. Ich habe ein Anrecht auf dieses Erbe. Geben Sie mir jetzt bitte die Kapsel."

„Ein Bastard war der Herr Pfarrer. Nichts als ein Bastard. Und wer dessen Erzeuger war, steht in den Sternen. Ich habe auch meine Hausaufgaben gemacht. Sie haben definitiv auf gar nichts ein Anrecht. Aber das soll mir egal sein."

„Ganz recht. Machen Sie Ihre Arbeit und ich meine. Also, her mit dem Stück. Und dann nehmen Sie das Geld und verschwinden Sie!"

Phil übergab die Herzkapsel. Sie versank in Alzfelds riesigen Pranken, und für wenige Sekunden herrschte andächtige Stille.

Plötzlich sagte der Pfaffen-Nachfahre: „Das immense Theater heute auf dem Marktplatz – hatte das etwas mit der Kapsel zu tun? Ich hoffe, Sie haben nichts getan, was das Interesse der Behörden erweckt hat oder gar auf mich lenkt."

Phil schwieg.

Alzfeld schaute ihn scharf an. „Ich versichere, die Herzkapsel des Stadtgründers gehört entschieden mir. Mein Urahne hatte sie einst aus der markgräflichen Gruft der Pforzheimer Schlosskirche zurückholen lassen. Dort lag sie auf dem Sarg von Karl Wilhelms Witwe. Und dort hatte sie nichts zu suchen. Dieses Herz hatte einst nur für diese Stadt geschlagen. Deshalb gehörte es hierher. Hier war es sicher – aber auch sinnlos vergraben in der Tiefe. Solch ein Schatz! Daher habe ich die Gunst der Stunde genutzt, um sie bergen zu lassen. Und es wäre außerordentlich dumm, wenn ihre Sicherstellung unnötig Aufmerksamkeit erregt hätte."

Die Beweggründe seines Auftraggebers berührten Phil nicht.

„Sie sind pleite und beklauen die durchlauchtige Familie des Markgrafen. So einfach ist das", entgegnete er provozierend.

Alzfeld legte den Kopf schief. Seine Hakennase glich einem Geierschnabel. Seine Pupillen stachen wie Nadelköpfe. Ein Ausbund an Hässlichkeit.

„Ich versuche schon seit Jahren, legal und mit Genehmigung in die Gruft unter der Pyramide zu kommen. Aber die Herrschaften vom Hause Baden zeigen sich leider sehr abweisend. Da kam diese Mordsbauerei in der Innenstadt gerade recht. Jetzt sind meine jahrelangen Planungen endlich von Erfolg gekrönt. Und den lasse ich mir von keinem nehmen. Verstehen Sie?"

Die schmalen Lippen des Kunsthändlers öffneten sich zu einem dämlichen Grinsen. Einem gefährlich dämlichen Grinsen. Kaum einschätzbar.

Phil schluckte. Es gärte in ihm. Brodelte. Das war kein gutes Zeichen. Was, wenn er dem Elsässer nicht trauen durfte? Was, wenn dieser Kotzbrocken bereits einen Plan B in der Tasche hatte, der Phils Eliminierung zur Folge hätte?

Er zog die Glock aus dem Gürtelholster, richtete sie auf Alzfeld.

„Das ist jetzt aber nicht sehr nett!" Alzfelds schäbiges Grinsen gefror. Er sprang auf. Seine Augenlider flatterten nervös, die Pupillen entsetzt geweitet.

„Für Nettigkeiten bin ich nicht zuständig", murrte Phil und drückte ab.

Das 9-Millimeter-Vollmantelgeschoss drang mit leisem *Ssnapp* mitten in die Stirn des Möchtegernadligen ein. Am Hinterkopf riss es ihm ein übles Loch in den Schädel. Knochensplitter, Hirnmasse und Blut spritzten unschön auf die weiße Wand.

Das Goldherz polterte leise zu Boden.

Rasch steckte Phil die Glock zurück, packte den einsackenden Körper, bevor er auf das Sofa fiel – möglichst wenig Sauerei hinterlassen war seine Devise –, schleifte ihn ins Bad und verfrachtete ihn in die Duschwanne.

Dann überprüfte er sich auf eventuelle Blutspritzer, es war nichts zu sehen. Er schlüpfte in die Jacke, stopfte das Artefakt in seine Reisetasche, schulterte sie hastig und nahm den Aktenkoffer mit dem Geld. Warf einen kontrollierenden Blick durchs Zimmer, schaltete das Licht aus und trat in den beleuchteten Gang.

Prallte auf einen Mann.

Es war der von heute Morgen. Der, der an der Rezeption nach ihm gefragt hatte. Das war jetzt offensichtlich.

Der hagere Blonde fuhr zurück, sperrte die Augen weit auf und fluchte: „He, du Scheißkerl! Pass auf!" Und dann: „Marius Arndt war ein Kumpel von mir."

Wollte der Fremde *ihm* drohen?

Phil fackelte nicht lang und hieb ihm seine linke Faust ins Gesicht. Der Hagere schlug langgestreckt rücklings auf den Boden.

Nun hieß es, ruckzuck Land gewinnen. Gezahlt hatte er bereits, er konnte ungestört das Hotel verlassen, hinüber ins Parkhaus am Friedrichsplatz gehen, dort wartete sein Jeep, und dann nichts wie raus aus dieser Stadt.

An der Rezeption stand keiner. Nicht mal eine der sympathischen, immer höflichen Ladies. Überhaupt, überall herrschte unnatürliche Stille im Hotel.

Phil schaute sich um. Außer, dass er niemanden sah, konnte er nichts Ungewöhnliches entdecken. Er atmete tief ein und steuerte auf die erste Glastür zu, die sich auseinanderschob. Er atmete aus, schritt hindurch und die zweite Tür glitt auf.

Er zögerte, nur kurz, dann begab er sich hinaus in die kalte, ungemütliche Nacht.

Bevor er sich der Gefahr bewusst wurde, die dort auf ihn lauerte, war er eingekreist von dunklen Gestalten. Ganz klar SEK-Beamte. Und die hielten ihre Waffen auf ihn gerichtet. Mit Sicherheit tanzten jetzt rote Pünktchen auf seiner Stirn herum.

„Nehmen Sie die Hände hoch!", brüllte jemand.

Phil suchte nach einem Ausweg. Irgendeinen Ausweg gab es immer.

Unvermittelt standen zwei Männer in Zivil vor ihm. Groß, stattlich. Undurchdringlich wie eine Mauer.

Ein Hund bellte.

Phil entdeckte den Köter neben dem älteren der beiden Zivilbeamten. Gedrungen. Wachsam. Knurrte jetzt leise.

Ein Staffordshire Bullterrier als Polizeihund. Echt übertrieben.

Phil stellte den Koffer ab. Und die Tasche. Zeigte seine leeren Hände.

„Herr Philipp Castro?", fragte der jüngere der beiden.

In Phil blitzte verblüfftes Erkennen auf. Und Bestürzung, als er begriff.

„Ich bin Hauptkommissar Edel von der Kripo Karlsruhe. Und das ist Sonderermittler Wellendorf-Renz aus Pforzheim. Wir verhaften Sie wegen des dringenden Tatverdachts der vorsätzlichen Tötung von Marius Arndt."

Ehe Phil sich versah, tasteten geübte Hände über seinen Körper, raubten ihm die Glock. Belehrende Worte drangen auf ihn ein.

Es gelang ihm kaum, seine Machtlosigkeit zu unterdrücken und den anschwellenden Zorn.

„Fuck!", stieß er aus, während die Handschellen klickten.

Bericht in der BNN, Karlsruhe, eine Woche später:

Mord an der Pyramide rasch aufgeklärt
Dreister Kunstraub in letzter Sekunde vereitelt

Karlsruhe. Dem festgenommenen Dreißigjährigen, der unter dem Namen Philipp C. in einem namhaften Karlsruher Hotel logierte, konnten die Morde an dem in der Szene bekannten Kunstdieb Marius A. und an dem elsässischen Kunst- und Antiquitätenhändler Ferdinand A. nachgewiesen werden. Beide Opfer waren sichtlich an dem versuchten Raub der Herzkapsel von Markgraf Karl III. Wilhelm von Baden-Durlach aus einer Nebenkammer unter der Pyramide am Marktplatz beteiligt. C. verweigert hierzu die Aussage.

Die bei ihm gefundene Herzkapsel stellte sich als Fälschung heraus. Nichts deutet darauf hin, dass sich in ihrem Hohlraum das Herz des Karlsruher Stadtgründers befunden haben könnte.

Die Ermittler sind sich sicher, dass Ferdinand A., in dessen Haus historische Dokumente aus den Jahren 1738 bis 1745 gefunden wurden, ursächlich die Verantwortung für die kriminelle und frevlerische Bergung der Kostbarkeit getragen hat.

C.s Verhaftung ist auch der Mitwirkung eines Pforzheimer Sonderermittlers zu verdanken, der Recherchen über die aus der Gruft der Pforzheimer St. Michaelskirche verschwundene Herzkapsel anstellte, nachdem er einen eindeutigen Tipp zum Mord an Marius A. erhalten hatte.

Wer die wertvolle, jedoch gefälschte Herzkapsel unter der Pyramide versteckt hat und wohin die echte verschwunden ist, konnte bisher nicht geklärt werden.

Ebenfalls überfragt äußerten sich die Ämter für Denkmalpflege der Regierungspräsidien Karlsruhe und Stuttgart. Die markgräfliche Familie hält sich bedeckt. UG/CK

Die Spezialität des Hauses

„Mit den besten Empfehlungen aus unserer Küche, die Spezialität des Hauses!" Die freundliche, rotbackige Bedienung stellte einen Probierteller zwischen Ilona und Heinrich Grabert ab und eilte weiter durch die gemütliche Gaststube im Karlsruher Stadtteil Stupferich.

„Was ist das denn?" Heinrich zeigte auf die dunkelrot-braunen Würfelchen mit den weißen Sprenkeln drin, die auf Zahnstocher gespießt waren.

„Blutwurst", antwortete seine Frau, bereits kauend." Das habe ich ja schon ewig nicht mehr gegessen!"

„Wenn man dir etwas umsonst anbietet, kannst du wohl auch nicht nein sagen", lautete die Antwort ihres Mannes.

Ilona zog die Brauen hoch und zuckte die schmalen Schultern. „Probier. Ist lecker."

„Schmeckt's?" Die Bedienung war auf ihrem Weg zurück zur Theke wieder am Tisch aufgetaucht, ein paar leere Bierkrüge in der Hand.

„Sehr gut!" Ilona nickte bekräftigend und formte Daumen und Zeigefinger zu einem Lob.

„Alles hausgemacht", lächelte die Rotwangige.

„Zwei Viertele Trollinger?", fragte sie dann geschäftstüchtig.

Heinrich nickte bestätigend. „Blutwurst, wie kann man das nur mögen", sagte er zu seiner Frau, als die Bedienung außer Hörweite war.

„Probieren geht über studieren", antwortete Ilona und nahm sich den vorletzten Happen vom Teller.

„Niemals!" Heinrich lehnte sich im Brustton der Überzeugung zurück und verschränkte die Arme. „So etwas esse ich nicht, auch wenn man mir sonst was dafür bietet!"

Ilona schaute sich in der dunkel gebeizten Dorfgaststube um. „Was, wenn ich dir erzähle, was ich erlebt habe, als ich schon einmal hier war?" Heinrich lachte kurz und skeptisch auf. „Wann soll das denn gewesen sein?" Es war ihm deutlich anzumerken, dass er keineswegs glaubte, seine Frau sei bereits einmal in Karlsruhe gewesen, in das es sie an diesem Wochenende wegen der Kunstausstellung gezogen hatte. „Genau weiß ich das nicht mehr. Ich war noch ein Kind, höchstens zehn Jahre, und besuchte eine Tante", antwortete seine Frau.

„Schwindlerin!"

„Damals war dieser Stadtteil ein eigenständiges Dorf. Die Blutwurst hat mich an etwas erinnert." Mit gerunzelter Stirn saß sie da und starrte auf das karierte Tischtuch vor sich, als handele es sich dabei um eine Karte mit Hinweisen auf die Vergangenheit.

Heinrich sah seine Frau leicht spöttisch an. „Du willst mir erzählen, dieses Restaurant, in das uns der reine Zufall geführt hat, sei dir nicht unbekannt?"

„Dieses Gasthaus oder ein ähnliches. Vieles hat sich verändert. Aber egal wie, ich schlage dir etwas vor. Ich erzähle dir die Geschichte und du probierst die Blutwurst!" Ilona schaute ihren Mann mit blitzenden Augen an.

„So ein Blödsinn. Warum sollten wir das tun?", war Heinrichs Antwort.

„Du, damit du meine Geschichte hörst. Und ich – aus Spaß daran, dich etwas essen zu sehen, was du angeblich nicht magst, obwohl du es bisher nie probiert hast."

„Abgemacht!" Heinrich Grabert streckte die Hand über den Tisch und Ilona schlug ein. „Aber wehe, wenn das nicht eine gute Story ist." Ilona lächelte wissend, bevor sie begann.

*

Es begann am späten Nachmittag eines heißen Augusttages. Ich kam mit meiner Ferienfreundin Doris aus dem Schwimmbad und wir hatten noch Lust auf ein Eis.

„Komm mit zu uns in die Gaststube", lockte Doris. Dort stand die große Kühltruhe mit all den leckeren, bunten Eissorten. Ich zögerte nicht lange. Die Gaststätte war um diese Uhrzeit noch leer. Der Geruch nach kaltem Rauch, der über allem schwebte, trieb uns mit unseren Eistüten schnell wieder nach draußen in den gepflasterten Innenhof.

„Wir hocken uns hinten auf die Bank", schlug Doris vor und lief schon voraus. Direkt neben dem Wirtshaus betrieben Doris' Eltern eine Metzgerei. An der Seitenmauer der Schlachtbude dahinter stand eine alte Bank, von der die Farbe schon lange abgeblättert war. Doris und ich saßen bereits eine Weile schweigend dort, schleckten unser Eis und schauten den tief fliegenden Schwalben nach, als wir aus dem Inneren der Metzelstube einen Streit hörten. Anfangs gedämpft, wurde er schnell immer lauter.

„Dann geh doch", schrie ein Mann. „Ich bin froh, wenn ich dich los bin!"

„Aber nicht ohne meinen Anteil am Geschäft", schrie die weibliche Stimme zurück.

„Dein Geld kannst du dir sonst wohin stecken", lautete die Antwort. „Schließlich habe ich hier die ganze Arbeit geleistet. Da teile ich nicht mit einer wie dir, um hinterher ruiniert zu sein!"

Danach war es kurze Zeit still, so, als müssten die Streithähne neue Argumente sammeln.

„Immer nur schuften, nie ein bisschen Spaß, das kannst du in Zukunft alleine machen!", keifte die Frau auf einmal.

„Die Doris kriegst du jedenfalls nicht", das war wieder der Mann.

„Die will ich auch nicht. Das Balg kann ruhig bei dir bleiben. Es war mir und meiner Freiheit schon lange ein Klotz am Bein. Nur wegen der bin ich überhaupt noch hier, aber damit ist jetzt Schluss", überschlug sich die Stimme der Frau.

Zu Tode erschrocken schaute ich auf das Mädchen neben mir. Doris war weiß wie die Wand. Ihre Unterlippe zitterte so stark, wie ich es noch nie vorher bei einem Menschen gesehen hatte. Es waren zweifellos ihre Eltern, die sich so laut stritten. Voller Wut warf Doris den Rest ihrer Eistüte weg, sprang auf und rannte schluchzend ins Haus. Die Tür des Hintereingangs schlug krachend zu. Gleich darauf kam ihr Vater aus der Schlachtbude, lief, ohne mich zu sehen an mir vorbei, stieg in sein Auto und fuhr davon. Seine Frau schrie ihm noch etwas hinterher. Nach einer Weile – ich wusste nicht so recht, was ich jetzt tun sollte – trollte ich mich.

Tante Amelie, eine Cousine meiner Mutter, war ledig. Vermutlich war das der Grund, aus dem sie Kinder aus der Verwandtschaft in den Ferien aufnahm, wenn deren Eltern einmal alleine verreisen wollten. In diesem Sommer war ich nicht die einzige Besucherin. Der ein paar Jahre ältere Rolf war auch da. Tagsüber gingen wir getrennte Wege, da er sich mit einem „Kind" nicht bei seinen Kumpels sehen lassen wollte. Doch abends saßen wir häufig mit Tante Amelie auf der Terrasse, tranken Zitronenlimo und spielten Karten. So auch zwei Tage nach dem Erlebnis hinter der Metzgerei. Rolf war befreundet mit einem der Gesellen dort.

„Eine komische Geschichte ist bei den Metzgersleuten im Gang", fing er an zu erzählen. Während Tante Amelie nur „Hm, Hm" machte, weil sie nur mit halbem Ohr hinhörte und auf ihre Karten konzentriert war, schenkte ich Rolf meine ganze Aufmerksamkeit.

„Die Frau des Metzgers ist ihm anscheinend vor zwei Tagen davongelaufen", fuhr Rolf fort, während er mir mit einem Stich ein paar Karten abnahm.

„Doris' Mutter?", fragte ich entsetzt.

„Scheint so. Keiner weiß warum. Alles rätselt herum", fuhr er fort. Ich schluckte und verspielte vor lauter Nervosität meine letzte Chance. Sollte ich erzählen, was ich vor zwei Tagen gehört hatte? Lieber nicht. Wenn Erwachsene sich streiten, hatte man mir immer beigebracht, geht das die Kinder nichts an. Tante Amelie war hellhörig geworden und fragte: „Sie ist einfach auf und davon? Und das Kind hat sie zurückgelassen?" Dabei schüttelte sie ungläubig den Kopf. Sie wusste ja nicht, was die Metzgersfrau von ihrer Tochter hielt. Und ich schwieg vorsichtshalber zu diesem Thema.

Gleich am darauf folgenden Tag rannte ich in die Gaststätte. Es war früh am Morgen, und weit und breit niemand zu sehen. Die Außentür war abgesperrt, so lief ich über den Hof zum Hintereingang. Die Tür dort, das wusste ich von mehreren Besuchen, war fast immer offen. Ich rief nach meiner Freundin. Kein Mensch antwortete. Doch aus der Gaststube hörte ich Geräusche. Langsam ging ich den schmalen, gekachelten Gang entlang, bis zur Tür. Drinnen saß der Metzger an einem der Tische, seinen Kopf in den massigen Händen vergraben und weinte. Unbemerkt wollte ich mich davonmachen, da kam Doris die hölzerne Treppe hinter mir herunter, die vom Flur aus zur Privatwohnung der Familie hinaufführte. „Hallo", sagte sie leise. Ihre Haut wirkte durchsichtig und unter den Augen lagen schwarze Schatten.

Als er unsere Stimmen hörte, fuhr Doris' Vater auf. Er wischte sich mit der Hand übers Gesicht und erhob sich schwerfällig. Ohne ein Wort zu sagen, ohne auch nur einen Blick zu uns, ging er zur Tür und auf den Hof hinaus. Doris stand da, mit niedergeschlagenen Augen und schon wieder zitterten ihre Lippen. So, wie an dem Abend als wir den Streit gehört hatten.

„Doris, was ist denn los?", flüsterte ich.

„Mama ist weg. Sie kommt nicht mehr zurück", sagte sie einfach. Dann nickte sie mehrfach nachdrücklich, drehte sich um und stieg die Holztreppe hinauf. Während ich noch überlegte, ob ich ihr folgen sollte, hörte ich die Tür hart ins Schloss fallen.

Niedergeschlagen saß ich am Abend bei Tante Amelie im Garten, als Rolf sich neben mir ins Gras sinken ließ. „Heute haben sie den Metzger verhaftet", informierte er mich mit wissender Stimme.

„Wieso denn?"

„Wieso denn wohl?" Rolf lachte unfroh auf. „Weil sie vermuten, dass er seine Frau umgebracht hat."

„Aber sie ist doch weggelaufen", wandte ich ein.

„Niemand hat sie weggehen sehen. Eigentlich ist sie einfach wie vom Erdboden verschluckt."

Ich sah den armen Tropf von Metzger vor meinem geistigen Auge, wie er in Handschellen abgeführt wurde. Meine Gedanken eilten zu Doris. Wie sie sich wohl fühlen musste, jetzt, wo beide Elternteile nicht mehr da waren?

Doch das Blatt sollte sich bald wieder wenden. Denn genau Doris war es, die ihren Vater ganz schnell wieder aus der Untersuchungshaft befreite.

„Die Kleine hat ausgesagt, sie habe die Mutter zur Bushaltestelle gehen sehen." Dieses Mal war Tante Amelie als Erste in unserer Familie informiert. „Die Mutter hat sich anscheinend von der Tochter verabschiedet. Allerdings, ohne ihr zu sagen, wohin sie fährt und ob sie zurückkommen wird." Somit schien erst einmal wieder Ruhe im Dorf einzukehren. Der Metzger ließ sein Geschäft und die Gaststätte ein paar Tage geschlossen, danach ging das Leben nach und nach wieder seinen gewohnten Gang.

„Probier mal!" Doris hielt mir ein Brot mit dreierlei Belag vor die Nase.

„Iiih, was ist das denn?" Mein Finger stupste in eine graue, matschige Masse. Zu Hause gab es keine Wurst. Auch kein Fleisch, denn meine Eltern lebten streng vegetarisch. So waren mir die verschiedenen Sorten, die auf unseren Tellern lagen, weitgehend unbekannt.

„Leberwurst!" Doris biss kräftig in ihre Stulle und kaute genüsslich. Zum ersten Mal seit jenem unseligen Tag, als wir den Streit gehört hatten, saßen wir wieder auf der Bank hinter der Metzgerei. Doris hatte uns ein paar belegte Brote gemacht und nun probierten wir uns schmatzend und kauend durch die verschiedenen Sorten.

„Fleischwurst", informierte mich Doris über die zweite Variante. „Meine Lieblingswurst", sagte sie noch und tunkte eines der Rädchen in einen Klacks Senf.

„Das dritte da ist Blutwurst." Lachend schaute sie auf mein entgeistertes Gesicht. Ein bisschen angeekelt sah ich auf das Stückchen vor mir. Doris hatte sich den letzten Rest ihres Brotes schon in den Mund geschoben und eine kleine Gurke gleich hinterher. Auch ich aß, nach anfänglichem Zögern, mit zunehmendem Appetit weiter. Wer weiß, wann ich nach meiner in Bälde anstehenden Rückkehr wieder etwas Derartiges bekommen würde.

„Mein Papa hat ein ganz neues Rezept erfunden", erklärte mir Doris jetzt. „Eine super Blutwurst. Mit ganz besonderen Gewürzen. Und ich habe ihm dabei geholfen!" Ich versuchte vergeblich, mir vorzustellen, wie Doris ihrem Vater zur Hand ging. Deshalb zeigte sie es mir. Ein bisschen gruselig war das schon, als wir in die um diese Tageszeit verlassene Metzelstube schlichen. In einer Ecke stand eine Wanne voller Schlachtabfälle, in einer Blutlache daneben erspähte ich auch ein kleines Ringelschwänzchen. In diesem Moment konnte ich den Vegetarismus meiner Eltern gut verstehen! Es roch nach Blut und – wie mir schien – auch nach Angst in dem gekachelten und kalten Raum.

„Hier ist der Bottich, in dem die Wurst gerührt wird", erklärte mir Doris. Sie zog einen Schemel unter einem der Edelstahltische hervor und stellte sich darauf. Mit einer Art großem Kochlöffel zeigte sie mir in dem leeren Kessel, wie man das machte. „Wenn ich groß bin, werde ich auch Metzger!", verkündete sie dabei mit strahlendem Blick.

Mir gruselte bei ihren Worten, und da ich mich nicht so recht wohlfühlte in dieser Umgebung, verabschiedete ich mich eilig.

„Nimm noch etwas von der Wurst mit, für deine Tante. Ich bitte meinen Papa, dir etwas einzupacken", verlangte Doris und zog mich hinter sich her in die Metzgerei. Dort klopfte ihr Vater gerade ein paar Schnitzel für einen der zahlreichen Kunden, die Verkäuferin stand an der Aufschnittmaschine. Keiner der beiden achtete auf uns.

„Dann gebe ich dir eben etwas", murmelte meine Freundin und wir liefen durch den Laden nach hinten, durch die Küche bis in den Vorratsraum.

„Hier in der Ecke haben wir unsere persönlichen Sachen. Wir haben so viel davon", murmelte sie dabei und drückte mir einen Ring Fleischwurst, einen Ring Leberwurst und ein großes Stück Blutwurst in die Hand.

Tante Amelie freute sich. „Lecker sieht das aus", meinte sie, als sie meine Schätze auf dem Abendbrottisch entdeckte.

„Es hat doch was Gutes, mit einer Metzgerstochter befreundet zu sein!", grinste Rolf, der riesige Mengen essen konnte und sich sogleich mit großem Appetit auf die Schlachtplatte stürzte. So saßen und aßen wir, als Rolf plötzlich „Autsch!" schrie.

„Was ist?", fragte Amelie erschrocken. „Da war etwas in der Wurst. Ich habe mir fast einen Zahn ausgebissen!" Rolf hielt sich empört die Wange und spuckte etwas Hartes aus. Entsetzt schauten wir alle drei auf das, was nun inmitten von halb zerkauter Blutwurst auf seinem Teller lag. Es war ein schmaler, goldener Ehering! Und wir alle glaubten zu wissen, wem er einmal gehört hatte!

In den folgenden Tagen überstürzten sich die Ereignisse. Polizeiliche Vernehmungen, neugierige Nachbarn, ein schockierter Ort. „Der Metzger hat seine Frau umgebracht und mitsamt dem Ehering zu Wurst verarbeitet!", lautete die am häufigsten geäußerte Vermutung. Denn tatsächlich hatte es sich bei dem Fremdkörper um das Eigentum der Metzgersgattin gehandelt „Warum sollte er das getan haben?", fragten andere Stimmen. Nach außen hin hatten die beiden eine mustergültige Ehe geführt. Die Gesellen und die Verkäuferin wurden befragt, Doris von einer Psychologin vernommen. Der Metzger selbst war von den Dingen derartig schockiert, dass er verstummte. Schon nach zwei Tagen wendete sich das Blatt erneut.

„Die Doris hat eine Aussage gemacht!", erklärte Rolf uns. Es war der Vorabend meiner Abreise und ich war entsprechend ungeduldig zu erfahren, was wirklich passiert war. Und auch Amelie, die die Ereignisse und Vermutungen nur noch kopfschüttelnd kommentierte, bat ihn, uns alles zu erzählen, was er wusste.

„Die Mutter und der Vater haben sich in der Metzelstube gestritten", fuhr Rolf fort. Sein Wissen hatte er von einem der Metzgergesellen, der es wiederum von seiner Schwägerin hatte, deren Schwester auf der Polizeistation als Stenotypistin arbeitete.

„Doris hat gehört, dass die Mutter den Vater verlassen wollte. Und im Streit hat sie sich den Ehering vom Finger gezogen und ihn irgendwohin geschmissen. Der Ehemann hat wohl gar nicht darauf geachtet. Nur Doris hat es gesehen, aber gleich wieder vergessen. Wer konnte denn auch ahnen, dass der Ring im Blutwurst-Bottich landet?", erläuterte er das Geschehen ziemlich cool. „Dann hat sie bekräftigt, ihre Mutter habe sich noch am selben Tag von ihr verabschiedet und sei mit dem Bus weggefahren!"

Das Dorf atmete auf. Der Metzger wurde wieder auf freien Fuß gesetzt, wollte aber in dem Ort nicht mehr leben. Noch in derselben Nacht packte er die Koffer und zog mit seiner Tochter weg. Die Gastwirtschaft, die Metzgerei und alles andere wurde verkauft. Heute erinnert sich vermutlich kein Mensch mehr daran, was vor über vierzig Jahren hier passiert ist.

Ilona hielt inne und trank den letzten Schluck Wein aus ihrem Glas. Heinrich starrte seine Frau an wie eine Erscheinung. „Du hast das damals alles direkt mitbekommen?" Ilona nickte ernst.

„Aber als Kind nimmt man das anders wahr. Es ist mehr wie eine Abenteuergeschichte. So richtig habe ich die Sache erst viel später verstanden. Und dann auch wieder vergessen. Ich war danach ja nie wieder hier. Bis heute. Meine Tante zog im Jahr darauf ins Allgäu und ist inzwischen verstorben."

Während Heinrich, perplex über das, was er gehört hatte, auf das Tischtuch starrte, lächelte Ilona ihren Mann verschwörerisch an. „So, und nun die Blutwurst!"

Schon hatte sie die Kellnerin herangewunken und gab die Bestellung auf. Heinrich war tapfer und aß den ganzen Teller leer, inklusive der Scheibe Schwarzbrot, den Gürkchen und dem Senf. „War gar nicht so übel!" Mit einem Lächeln klopfte er sich auf den Bauch.

„Gut", meinte Ilona und machte ein möglichst unbeteiligtes Gesicht. „Dann kann ich dir ja den Rest der Geschichte erzählen."

„Welchen Rest?" Heinrich schüttelte den Kopf, um zu zeigen, dass er nicht verstand, worauf seine Frau hinauswollte.

„Nun – sie ist noch nicht zu Ende."

„Verstehe ich nicht. Doris hat ausgesagt, was wirklich passiert ist, der Metzger ist weggezogen, alles ist in Butter!" Heinrich zuckte die Achseln.

„Nun, dann hör mir einfach noch ein paar Minuten zu", Ilona beugte sich weiter über den Tisch und fixierte ihren Mann mit ernstem Blick, bevor sie fortfuhr.

*

Am Tag meiner Abreise ging Tante Amelie mit Rolf und mir zur Bushaltestelle. Sie wollte uns zum nächstgelegenen Bahnhof bringen, von wo aus Rolf und ich im Zug in einem betreuten Abteil mit anderen Ferienkindern zusammen reisen würden.

Bevor es soweit war, standen wir recht lange herum. Amelie gehörte zu den Leuten, die stets schon vor der Zeit eintreffen. Die kleine Haltestelle war verschlafen, weit und breit war noch niemand zu sehen, als wir ankamen.

„Vielleicht sind wir ja die Einzigen, die den Bus nehmen", meinte ich leichthin.

Rolf lachte. „Das würde mich wundern. Hier fahren am Tag nur drei Busse." Amelie nickte. „Deshalb ist es wichtig, den einzigen Nachmittagsbus nicht zu verpassen. Denn er ist auch der letzte."

Ich saß auf der Bank, ließ die Beine baumeln und sah auf das Unkraut, das munter entlang des Bürgersteiges spross. Es erinnerte mich an einen anderen Tag, an dem ich auf einer Bank saß. Zusammen mit Doris. Und dann begann sich in meinem Kopf ein Puzzle zusammenzusetzen. Der laute Streit, Doris war ins Haus gerannt, als sie hörte, wie ihre Mutter über sie dachte. Ich war nach einer Weile gegangen. Irgendwann danach hatte ihre Mutter mit ihr gesprochen und sie hatte sie zum Bus gehen sehen ... „Aber das geht doch gar nicht", murmelte ich erschrocken. Wieder und wieder liefen die Bilder vor meinem geistigen Auge ab. „Der Bus war ja schon längst weg, als wir auf der Bank saßen!" Vor Schreck klappte ich meinen noch offen stehenden Mund gleich wieder zu. Und sagte nichts. Bis heute nicht.

*

Jetzt saß Heinrich angespannt auf seinem Platz. Sein Gesicht war sehr blass geworden.

„Was ... was heißt das denn jetzt?"

Ilona starrte düster in ihr Glas. „Doris hat gelogen. Ihre Mutter hätte an dem Abend das Dorf nicht mehr verlassen können. Und vorher war ich mit ihr zusammen. Erst im Schwimmbad, dann im Hof. Aber das wusste ja keiner. Sie hat so getan, als habe sich ihre Mutter bereits früher am Tag von ihr verabschiedet, um den Bus zu nehmen."

„Warum hat sie gelogen? Um ihren Vater zu schützen? Wenn der tatsächlich ihre Mutter umgebracht hat ... nicht auszudenken!"

Ilona schob die Unterlippe leicht nach vorne. „Nein, ich

glaube nicht, dass er es war. Irgendetwas ist an dem Abend des Streits in der Wurstküche vorgefallen. Das, was Doris' Mutter an dem Nachmittag über ihre Tochter sagte, hat meine Freundin tief verletzt und furchtbar wütend gemacht. Meiner Meinung nach wollte Doris ihrer Mutter das heimzahlen, dabei ist diese zu Tode gekommen. Doch Doris war noch ein Kind, sie wäre niemals in der Lage gewesen, die Tote verschwinden zu lassen. Ihr Vater muss die Spuren beseitigt haben, auf seine Weise, denn er liebte seine Tochter abgöttisch. Ich denke, er hat alles ganz normal weiterlaufen lassen, sonst hätten die Gesellen vielleicht etwas mitgekommen. Natürlich hat er die gesamte Wurstproduktion dieses unseligen Tages nicht in der Metzgerei verkauft, sondern in der privaten Vorratskammer gestapelt, um sie nach und nach verschwinden zu lassen. Es war ein dummer Zufall, dass Doris mir ausgerechnet davon etwas mitgegeben hat." Ihr Blick irrte in die Ferne. „Weißt du, ich sehe sie immer noch auf ihrem Schemel am Wurstbottich stehen ... mit dem großen Kochlöffel in der Hand ... wie ihre Augen dabei geleuchtet haben!"

„Komisch", dachte die Bedienung beim Abräumen. Das Paar an Tisch drei hatte nicht gewirkt, als habe es zu viel getrunken. Aber die Frau musste ihren Mann doch tatsächlich stützen, als sie gingen. Ganz blass war er gewesen.

„Vertragen halt alle nichts mehr", brummte sie vor sich hin. Gut, dass die beiden wenigstens ein bisschen von der Spezialität des Hauses als Unterlage zu ihrem Wein gekostet hatten. Wer weiß, wie die Sache sonst ausgegangen wäre.

Fräulein Bregenzers Erbe

Da war sie schon wieder. Sie stand auf der anderen Straßenseite, halb im Schatten eines Baumes, und beobachtete das Haus. Dieses schmutzige junge Ding trieb sich nun schon seit einigen Tagen hier herum. Was wollte sie nur – Arbeit? So würde sie auf jeden Fall keine finden. Mit diesen Haaren, deren Farbe man vor lauter Staub kaum erkennen konnte und dem dutzendfach geflickten Kleid, das auch noch viel zu groß für ihre magere Gestalt war. Und noch nicht einmal einen Mantel trug sie – im Januar!

Henriette schätzte das Mädchen auf der Straße nur ein paar Jahre jünger als sich selbst, 17, vielleicht 18 Jahre alt. Aber was tat das schon zur Sache? In einer aufstrebenden Stadt wie Karlsruhe musste man auf der Hut sein. Es kamen immer mehr Menschen in die Stadt. Viele suchten nach Arbeit in der Lokomotivproduktion oder einer der anderen Fabriken, die seit einigen Jahren wie Pilze aus dem Boden zu wachsen schienen. Aber es kam auch viel Gesindel.

Gerade als Henriette sich entschlossen hatte Albert nach draußen zu schicken, um das Mädchen zu verscheuchen, trat dieses mit entschlossenem Gesichtsausdruck und vorgerecktem Kinn auf die Straße und kam genau auf das Haus zu. Im nächsten Augenblick hörte Henriette den Türklopfer.

Als sich die Tür öffnete, wurde ihr auf der Stelle mulmig. Der Mann betrachtete sie mit einer Mischung aus Herablassung und Interesse, aber mit deutlich mehr Herablassung.

„Sie wünschen?"

Gute Frage, was wünschte sie sich? Ihr altes Leben zurück – dass ihre Mutter noch lebte – dass sie ein Dach über dem Kopf hätte … Ihre Antwort fiel jedoch wesentlich bescheidener aus.

„Entschuldigen Sie bitte, ich suche Arbeit. Ich kann gut kochen und backen und übernehme auch sonst alle Aufgaben."

„Der Dienstboteneingang ist hinten", beschied sie der Mann ohne eine Miene zu verziehen. „Und die Herrschaften beschäftigen nur saubere Mädchen, keine Gossengören."

„Ich bin doch keine Gossengöre!" Zurückhaltung war noch nie ihre Stärke, aber hier so herablassend behandelt zu werden versetzte sie sofort in Kampfbereitschaft.„Ich mag zurzeit ein wenig schmutzig aussehen, aber …"

„Ist schon gut, Albert." Eine adrett gekleidete Frau Anfang zwanzig war hinter dem Mann aufgetaucht. „Begleiten Sie sie bitte in die Küche, ich komme gleich."

„Sehr wohl, Fräulein Henriette." Der als Albert angesprochene Mann sah wenig begeistert aus, führte sie aber in die geräumige Küche.

„Waschen Sie sich wenigstens die Hände, bevor Fräulein Bregenzer kommt."

Er wies auf das Waschbecken in der Ecke und verschwand.

Als Henriette Bregenzer die Küche betrat, stand das Straßenmädchen am Waschbecken und wusch sich das Gesicht.

„Das ist sicher eine gute Idee. Haben Sie deshalb an unsere Tür geklopft?"

Das Mädchen fuhr erschrocken herum, Wasser lief über ihren Hals in den Kragen ihres Kleides.

„Nein, Fräulein Bregenzer. Ich suche nach einer Anstellung. Ihr Herr Albert sagte, ich solle mich waschen, womit er auch vollkommen recht hat." Sie nahm sich das Handtuch vom Wandhaken und trocknete sich rasch Hände und Gesicht ab.

„Sie klingen nicht wie eine ‚Gossengöre', sonst hätte ich nicht eingegriffen. Woher kommen Sie?"

„Mein Name ist Annabell Braun und ich stamme aus Mühlburg. Wir hatten eine Konditorei, aber die ist abgebrannt. Meine Eltern sind dabei umgekommen. Ich habe mich mit Arbeiten in verschiedenen Fabriken durchgeschlagen, aber es ist hart für eine Frau. Zuletzt wurde ich entlassen, weil ich dem Vorarbeiter nicht zu Willen sein wollte."

Während sie sprach, knetete sie den Rock ihres Kleides mit den Händen und verursachte damit ein stetiges Rieseln von Dreck und Staub auf den Fußboden. Aber sie sah Henriette offen ins Gesicht.

„Haben Sie Referenzen?"

„Nein, Fräulein Bregenzer."

„Haben Sie noch andere Kleidung?"

„Nein, Fräulein Bregenzer."

Henriette seufzte. „Na gut. Sie haben Glück, dass wir tatsächlich jemanden brauchen – mein Vater ist krank und braucht Pflege. Zuerst einmal zwei Wochen zur Probe. Sie teilen die Dachkammer mit Rosi, der Köchin, sie wird Ihnen alles zeigen. Im Keller steht ein Korb mit aussortierten Kleidern, da soll Rosi Ihnen etwas heraussuchen, damit Sie Ihr Kleid waschen können – falls das noch lohnt. Ein Mantel ist auch im Korb, zwar nur ein Sommermantel, aber da Sie momentan offensichtlich gar keinen haben, ist das wohl besser als nichts."

Henriette gab sich kühl und unnahbar, aber insgeheim freute sie sich über diesen praktischen Zufall. Von alleine wäre Sie wohl nicht auf die Idee gekommen, ein Mädchen von der Straße für die Pflege ihres Vaters einzustellen, aber jetzt schien es ihr wie ein Wink des Schicksals.

Annabell Braun schaute sie ein wenig verdutzt an, fing sich aber gleich wieder und bedankte sich aufrichtig.

Annabell brauchte eine Weile, um sich von dem Schreck zu erholen, dass sie mit ihrem dreisten Manöver auch noch Erfolg gehabt hatte. So wie Fräulein Bregenzer gesagt hatte, erhielt sie ein einfaches braunes Kleid mit Schürze und einen leichten Mantel aus dem Korb im Keller. Das Zimmer unter dem Dach war klein, aber sauber und Rosi war eine mütterliche Frau Mitte fünfzig, die ihr auch gleich das Badezimmer zeigte. Nach einem Bad und mit dem sauberen Kleid sah sie gleich ganz anders aus – und ihre Haare waren nun wieder dunkelblond und glänzend, wie Waldhonig.

Annabells Aufgabe bestand darin, Herrn Bregenzer zu pflegen. Er hatte bereits seit mehreren Wochen eine schwere Bronchitis, welche sich nun in eine Lungenentzündung verwandelt hatte. Er war sehr schwach, schlief viel, aber unruhig, und bedurfte stetiger Beobachtung. Fräulein Bregenzer selbst unterwies sie in der Verabreichung der Medikamente und sie hielt sich akribisch daran. Dennoch schien bei Herrn Bregenzer keine Besserung einzutreten. Dabei war er noch keineswegs alt, gerade mal 13 Jahre. Seine Haut war blass und sein Körper dünn und ausgezehrt, aber seine Gesichtszüge waren ebenmäßig und die dunklen Locken und elegant geschwungenen Augenbrauen ließen erahnen, wie er vor dieser kräftezehrenden Krankheit ausgesehen hatte.

Wenn der Arzt, Dr. Hamburger, zweimal in der Woche vorbei kam, wurde Annabell in die Küche geschickt und Fräulein Henriette beriet sich mit dem Arzt.

Soweit Annabell das einschätzen konnte, war Dr. Hamburger mit seinem Latein am Ende. Ansonsten hätte er sicher zu diesem Besuch keine Kräutermischung mitgebracht, die Rosi nun in der Küche aufbrühen musste. Er schien sich jetzt an jeden Strohhalm zu klammern.

Annabell brachte den fertigen Kräutersud in den zweiten Stock, wo sich das Zimmer des Hausherrn befand. Als sie die Treppe hinauf ging, hörte sie die Stimmen von Fräulein Henriette und Dr. Hamburger, die sich im Flur unterhielten, um Herrn Bregenzer nicht mit dem Thema ihrer Unterhaltung aufzuregen.

„… Ich bitte Sie, Fräulein Henriette, Sie müssen sich auf das Schlimmste gefasst machen. Ihr Vater ist in keiner guten Verfassung." Verzweiflung klang in seiner Stimme. Er war ein erfahrener Arzt, und einen Patienten durch eine zunächst einfache Bronchitis zu verlieren, schien über seine Vorstellung zu gehen.

„Ich möchte versuchen, die Laudanumgaben zu verringern, denn es scheint Ihrem Vater mehr zu schaden, als zu helfen."

„Wie meinen Sie das – schaden?" In Henriettes Stimme klang Argwohn. Annabell konnte sich genau vorstellen, wie sie die Augen verengte und sich ihre Brauen langsam aufeinander zubewegten, was auf der Stirn eine tiefe Falte verursachte.

Diesen äußerst kritischen Gesichtsausdruck nahm sie immer an, wenn ihr etwas gar nicht in den Plan passte. Und alles von vorne bis hinten durchzuplanen, war Fräulein Henriettes hervorstechendste Eigenschaft. Zum Teil etwas lästig, fand Annabell, aber man wusste wenigstens, was von einem erwartet wurde.

Sie selber war ganz anders. Sicher, sie machte sich auch Gedanken über ihre Zukunft, aber nicht so konkret und mit Zeitplan wie Henriette Bregenzer. Sie ließ die Dinge eher auf sich zukommen. Das Leben war nun mal nicht immer planbar. Das hatte sie schon oft genug zu spüren bekommen. Zum Beispiel als ihre Mutter bei dem Brand umkam. Sie hatte bei ihrer Einstellung angegeben, beide Eltern seien so gestorben – was sollte sie denn schon sagen? Eine Uneheliche hätte hier doch nie eine Stellung bekommen.

Über ihren abschweifenden Gedanken hatte Annabell den Rest des Gespräches völlig überhört und konnte sich nun gerade noch zurückziehen, als sie von oben Schritte auf der Treppe hörte. Es sollte schließlich niemand glauben, sie habe gelauscht.

Als sie einige Minuten später dann endlich das Krankenzimmer mit dem Tablett auf dem Arm betrat, saß Fräulein Henriette auf der Bettkannte und hielt ihrem Vater ein Glas an den Mund. Annabell war gerührt. Offensichtlich hatten die eindringlichen Worte des Arztes Henriettes Fürsorglichkeit geweckt.

„Ich bringe den Kräutertrunk, den der Doktor heute mitgebracht hat, gnädiges Fräulein. Gibt es noch weitere neue Anweisungen für die Pflege des gnädigen Herrn?"

„Nein Annabell, den Sud bekommt mein Vater zusätzlich zu den anderen Medikamenten, sonst bleibt alles beim Alten."

Nun war Annabell doch etwas verwirrt. Sollte das Laudanum nicht reduziert werden? Aber es war durchaus möglich, dass sie bei dem Gespräch etwas verpasst oder missverstanden hatte. Und sie konnte ja schlecht zugeben, gelauscht zu haben. Also stellte sie das Tablett auf dem Nachttisch ab und machte sich daran, den Sud in eine Tasse zu gießen. Henriette war bereits aufgestanden und betrachtete etwas abwesend ihren Vater. Dann drehte sie sich resolut um und verließ das Zimmer.

Henriette war wütend. Sie starrte in den Spiegel und zog sich einen sehr auffälligen, breiten Liedstrich, der ihre Augen mandelförmig erscheinen ließ. Sie war wütend auf sich selbst, dass sie nicht schneller gehandelt hatte, auf den Arzt, der nun möglicherweise ihrem Geheimnis auf die Spur kommen würde, und auf ihren Vater, der einfach nicht sterben wollte. Nun gut, dann musste sie jetzt eben entschlossener vorgehen. Annabell war nun seit fünf Wochen mit der Pflege ihres Vaters betraut, genug Zeit, um ihr auf die eine oder andere Art die Schuld am Tod ihres Vaters zuzuschieben. Natürlich nur, wenn es nötig wurde. Noch hoffte Henriette, dass der Arzt es als tragische Komplikation der Lungenentzündung abtun würde.

Aber heute Abend war erst einmal Maskenball und sie würde ihren Liebsten wiedersehen. Auf solch einem Fest, wo alle ausgelassen und außerdem bis zur Unkenntlichkeit verkleidet waren, konnten sie auch offen miteinander umgehen. Sie trug bereits ihr japanisches Kostüm, das ihre schlanke Figur wie eine schimmernde Seidenhaut umgab. Auf der Frisierkommode lag ein großer Fächer, mit Blumen und Kranichen bemalt, und mehrere goldene Haarkämme. Sie war gerade dabei sich die Haare zu einer komplizierten Frisur aufzustecken, als jemand an die Tür klopfte. Es war Annabell, die ihr mitteilte, ihr Vater habe den Kräutersud wieder erbrochen.

„Ich schätze mal, das kann bei einem solchen Zeug schon vorkommen", antwortete sie ungehalten. Das wäre wohl das Letzte, dass ihr Vater, selbst vom Krankenbett aus noch verhinderte, dass sie ausging. Wenn er es wüsste, würde er sie sicher nicht gehen lassen und wenn er wüsste, dass sie sich dort mit Carl traf, würde er sie nie wieder aus dem Haus lassen. Aber er wusste es nicht und würde es auch nie erfahren. Er würde in sehr naher Zukunft sterben und sie war endlich frei, Carl zu heiraten. Und durch ihr Erbe hatten sie auch eine gute Zukunft, dann machte es nichts mehr, dass Carl als Soldat nur ein geringes Einkommen hatte.

Aber jetzt musste sie sich noch zusammenreißen. Im Haus durfte man keinen Verdacht gegen sie hegen. Also drehte sie sich zu der verdutzt dreinschauenden Annabell um und bemühte sich um eine etwas angemessenere Antwort. „Der Arzt hat angedeutet, dass die Kräuter eine solche Reaktion hervorrufen könnten. Bitte kümmern Sie sich einfach weiter um ihn. Wir können wahrscheinlich nicht mehr viel für ihn tun."

„Ist gut Fräulein Henriette. Wollen Sie denn trotzdem auf den Maskenball gehen? Ich meine, wenn es wirklich so schlecht um ihn steht. Nicht, dass er heute vielleicht stirbt, und Sie sind nicht da. Was soll ich denn dann machen?" Annabell hielt noch immer den Türknopf in der Hand und Henriette konnte sehen, wie ihre Knöchel weiß wurden.

„Dann schicken Sie nach dem Arzt, und nach mir natürlich."
Henriette hatte einen beruhigenden Tonfall angeschlagen, der anscheinend Wirkung zeigte. Annabell nickte und verließ das Zimmer.

Die Kaiserstraße war voller kostümierter Menschen – hauptsächlich Clowns in allen Farben und Nuancen.

Annabell war nicht verkleidet, sie konnte sich kein Kostüm leisten, und sie konnte sich an dem bunten Treiben auch nicht richtig erfreuen. Sie war mit den Gedanken woanders. Seit dem Nachmittag konnte sie das Gefühl nicht mehr abschütteln, dass Fräulein Henriette sich eigenartig verhielt. In Annabells Kopf drehten sich die Ereignisse des Tages im Kreis. Zuerst das mitgehörte Gespräch mit dem Arzt, dann Henriettes Reaktion auf ihre besorgte Nachfrage. Annabell konnte sich einfach nicht erklären, warum eine Tochter ausging, um sich zu amüsieren, wenn der geliebte Vater Zuhause im Sterben lag. Sie wollte wissen was da los war. Und ihrer Herrin hinterherzuspionieren schien ihr der einzige Weg, um das herauszufinden.

Im Stadtgarten angekommen, bot sich ihr ein atemberaubender Anblick. Die Festhalle war hell erleuchtet und vor dem Portal hatte eine Gruppe, welche als Wallensteiner Landsknechte verkleidet war, ihr Lager aufgeschlagen. Zwei als Marketenderinnen verkleidete Frauen luden gerade eine Ziege aus einem der Wagen, und ein Mann saß hoch zu Pferde und sah in seinem blauen Rock mit den polierten Knöpfen und dem federbesetzen breiten Hut einfach nur beeindruckend aus. Jetzt erinnerte sich Annabell auch, dass in der gestrigen Ausgabe der Karlsruher Zeitung eine kurze Notiz das Erscheinen einer Gruppe mit Pferden auf dem Maskenball angekündigt hatte. Auch sonst herrschte ein großartiges Treiben vor der Halle. Hunderte Menschen in allerlei Kostümierungen kamen herbei, und wenn man in der Stadt hauptsächlich Clowns zu Gesicht bekommen hatte, so war hier die Vielfalt wesentlich größer. Dazu kamen noch die vielen Musiker des 1. Badischen Leibgrenadier- und des Feldartillerie-Regiments, welche heute für die passende Ballmusik sorgen sollten.

Sofort verließ Annabell der Mut, in diesem Gewusel von Menschen und Masken Fräulein Henriette überhaupt zu finden, geschweige denn, irgendetwas über den Grund ihres seltsamen Verhaltens herauszufinden. Dennoch wollte sie sich einen kleinen Rundgang durch dieses beeindruckende Spektakel nicht entgehen lassen. Sie schlenderte am Rand des Vorplatzes entlang und staunte nicht schlecht, als ihr ein Mann begegnete, der sich gebückt hielt und einen Damenpantoffel statt eines Hutes auf dem Kopf hatte. Die verkleideten Damen waren alle sehr elegant und Annabell kam sich hier mehr und mehr fehl am Platz vor. Deshalb wand sie dem erleuchteten Platz doch den Rücken zu und ging, nun wieder tief in Gedanken, Richtung Stadtgartensee. Auf den Bänken saßen vereinzelt Pärchen und nutzten die Ausgelassenheit der Fastnachtszeit für ein, zugegeben recht kühles, Stelldichein. Eine der Damen hatte die dunklen Haare zu einer aufwendigen Frisur hochgesteckt, und wenn sie den Kopf bewegte, blinkten trotz der spärlichen Beleuchtung hier am See große goldene Haarkämme darin auf. Annabell schlich sich näher an dieses Pärchen heran und tatsächlich, es war Fräulein Henriette. Der Mann bei ihr trug eine Uniform, mehr konnte Annabell nicht erkennen.

„… dann können wir endlich unser eigenes Leben führen." Hörte Annabell Henriette gerade noch sagen.

„Dein Vater hat mich noch nicht mal richtig ausreden lassen, als ich im Herbst bei ihm vorgesprochen habe."

Der junge Mann hörte sich verletzt an.

„Das muss uns dann nicht mehr kümmern. Es steht schlecht um ihn, und ich sorge schon dafür, dass sich das nicht mehr ändert. Der Arzt sagt es kann jeden Tag vorbei sein."

„Aber auch dann musst du eine schickliche Trauerzeit einhalten, Henriette. Wir können nicht überstürzt handeln, das würde nur Aufmerksamkeit erregen."

„Du kannst dich versetzen lassen. In einer neuen Stadt weiß schließlich niemand, dass ich in Trauer um meinen Vater sein sollte. Dann müssen wir nicht so lange warten. Nur bis mir das Erbe ausgezahlt wird und ich das Haus verkauft habe. Ich werde allen Leuten sagen, dass mich die Erinnerungen im Haus zu sehr schmerzen und ich deshalb neu anfangen will."

„Das könnte sogar klappen." Jetzt klang er schon viel zuversichtlicher. Annabell lief ein Schauer über den Rücken. Wollte Fräulein Henriette wirklich ihren Vater umbringen, um diesen jungen Soldaten heiraten zu können? Anscheinend hatte er bereits bei ihrem Vater um sie angehalten, war aber abgewiesen worden. Was meinte sie wohl, wenn sie sagte, sie würde dafür sorgen, dass es ihm nicht wieder besser ging? Hatte das etwas mit dem Laudanum zu tun, das Dr. Hamburger absetzen wollte?

Die Fragen drehten sich in Annabells Kopf. Sie hatte nie einen Vater gehabt, sich aber immer sehnlichst einen gewünscht. Einen Vater, zu dem sie aufschauen konnte und der sie beschützte. Wenn ein Vater einen Bewerber abwies, hatte er doch sicher wichtige Gründe dafür. Schließlich wollte ein Vater doch immer nur das Beste für seine Tochter, vor allem, wenn es um einen geeigneten Ehemann ging. Und nun wollte Henriette ihren Vater wegen des Erbes und eines jungen Tunichtgut umbringen. Vermutlich vergiftete sie ihn schon seit Wochen langsam mit dem Laudanum. Hatte der Arzt nicht angedeutet, er könne sich nicht erklären, warum Herr Bregenzers Zustand immer schlechter wurde? Ja, das musste es sein. Waren die Töchter der besseren Gesellschaft wirklich so undankbar? Wo ihr Vater ihr doch ein solch sorgenfreies Leben ermöglicht hatte. Nicht wie bei Annabell, die mit ihrer Mutter immer zusehen musste, wie sie die Miete für den nächsten Monat aufbrachten. Da war kein Vater gewesen, der ihnen geholfen, sie versorgt und beschützt hatte. Annabell hatte diese schwierigen Verhältnisse nie ihrem Vater zum Vorwurf gemacht. Laut ihrer Mutter wusste er gar nichts von der Schwangerschaft, also hatte er sie auch nicht wissentlich verlassen.

Inzwischen hatte sich das Pärchen erhoben und verabschiedete sich sehr innig und langanhaltend. Ob Henriette sich wohl auch schon diesem Mann hingegeben hatte? So versonnen, wie sie ihm hinterhersah und sich dann wieder seufzend auf die Bank sinken ließ, hatte Annabell wenig Zweifel. Eine unbekannte Wut stieg in ihrer Brust auf. Ohne es zu merken, hatte sie sich auch schon in Bewegung gesetzt und stand wenige Augenblicke später vor der Bank, auf der Henriette immer noch mit verklärtem Blick saß.

„Sind Sie wahnsinnig geworden, ihren Vater so zu hintergehen und sich wie eine Dirne zu benehmen!", fuhr sie Henriette ohne Vorwarnung an. „Sich weiterhin mit einem Mann zu treffen, den Ihr Vater für ungeeignet hält und dann auch noch den Tod Ihres Vaters zu planen, um mit diesem ..., diesem ..." Während sich Annabell in Windeseile in Rage geredet hatte, war Henriette erschrocken aufgefahren. Völlig unvorbereitet auf einen solchen Ansturm, hatte Henriette dem auch wenig entgegenzusetzen, als Annabell sie am Arm parkte und zu Schütteln begann. „Ihr Vater hat sicherlich gute Gründe. Ein Vater hat immer gute Gründe." Jetzt war Annabells Stimme zu einem bedrohlichen Zischen geworden und ihre Finger gruben sich schmerzhaft in Henriettes Arm. „Wissen Sie eigentlich, was das für Folgen hat, sich einem Mann hinzugeben? Wissen Sie, was das für Sie bedeuten kann? Der Kerl ist doch eh nur hinter Ihrem Erbe her."

Henriette hatte überhaupt keine Gelegenheit, sich zur Wehr zu setzen. So kontrolliert und selbstsicher, wie sie sonst immer war, nun fühlte sie sich ertappt und fand keine Antwort auf die ihr entgegengeschleuderten Anschuldigungen. Annabell war zwar etwas jünger, aber auch wesentlich kräftiger als sie. Also stolperte sie in ihrem engen japanischen Kleid, mit den ungewohnten Schuhen hinter Annabell her Richtung See, bis sie endlich aus ihrer Starre erwachte und sich losriss. „Was fällt Ihnen ein?", war alles was sie noch sagen konnte. Die ruckartige Bewegung, die notwendig war, um sich aus Annabells Griff zu befreien, hatte sie ins Straucheln gebracht.

Henriette ruderte schwer mit den Armen. Sie machte einen Schritt nach hinten und trat auf den Saum ihres Kleides.

Henriette Bregenzer stürzte völlig haltlos nach hinten und schlug mit dem Kopf auf einem Stein am Ufer des Stadtgartensees auf. Bewusstlos rollte sie zur Seite und blieb mit dem Gesicht im seichten Wasser liegen. Annabell starrte die leblose Gestalt minutenlang an, ohne sich zu rühren. War sie das gewesen oder das Schicksal? Musste sie jetzt Hilfe holen? Aber wie sollte sie das alles erklären, ohne sich selbst oder die Familie Bregenzer in Verruf zu bringen? Wer im Zweifelsfall hierfür den Kopf hinhalten musste war ja klar – die uneheliche Angestellte, die sich unter falschen Voraussetzungen eine Stellung im Hause Bregenzer erschlichen hatte. Also was sollte sie tun? Auf keinen Fall durfte sie damit in Verbindung gebracht werden. Allmählich wurde ihr bewusst, dass Henriette tot war. Selbst wenn sie den Sturz überlebt hatte, lag sie nun schon zu lange mit dem Gesicht im Wasser. Annabell sah sich um. Niemand zu sehen. Und offensichtlich hatte auch niemand ihren Streit mitbekommen, sonst wäre sicher schon jemand herbeigeeilt.

Wie so oft, wenn das Leben sie mit einer unerwarteten Wendung überraschte, reckte Annabell Braun das Kinn vor und tat, was nun mal getan werden musste. Sie drehte sich um und ging nach Hause. Jetzt konnte sie Herrn Bregenzer wieder gesundpflegen. Sie würde sicher die Stellung im Haus behalten können, auch wenn der Hausherr wieder bei Kräften war. Vielleicht konnte sie ihm ja helfen, über den Verlust seiner Tochter hinwegzukommen. Immerhin hatte sie keinen Vater und er nun keine Tochter mehr. Und sie würde eine deutlich bessere und dankbarere Tochter abgeben, als Henriette es jemals gewesen war.

Im Haus der Bregenzers in der Amalienstrasse waren alle Fenster erleuchtet, als Annabell ankam. Dr. Hamburger verließ gerade das Haus. Albert hatte eine versteinerte Miene und Rosi verweinte Augen.

Im Totenschein würde es heißen, Friedrich Bregenzer sei den schweren Komplikationen einer Lungenentzündung erlegen.

Ungebetene Gäste

Ruth blickte die Beiertheimer Allee entlang. Schwer schleppte eine Frau an drei prallen Einkaufstüten und ihrer seelischen
Last. Gebeugt schlurfte sie, als trüge sie gefüllte Wassereimer
auf den Schultern und quälte sich Schritt für Schritt weiter.
Fast hätte sie Hanna, ihre Freundin seit Kindertagen nicht er-
kannt, und erst im letzten Moment winkte sie ihr und rief sie
laut beim Namen.

Wie in Trance drehte sich Hanna um. „Hallo, Ruth! Ist der
Urlaub auch schon wieder vorbei?" Hannas Stimme klang matt.

„Ja, die Wochen verfliegen geradezu. Du hast ja eine Menge
eingekauft. Komm, ich nehme dir was ab. Keine Widerrede,
Hanna, ich bin doch keine alte Frau." Dankbar reichte Hanna
der Freundin eine vollgestopfte Plastiktüte. „Ach Ruth. Gott
sei Dank bist du wieder da."

Ruths Blick glitt über Hanna. Mit einem Mal sah Hanna
sehr alt aus. Viel älter als es ihre 56 Jahre rechtfertigten. Tief
versanken die Augen in den Höhlen, dunkle Schatten klebten
darunter. Das dicke, braune Haar war nachlässig gekämmt.
Vorsichtig stellte Hanna die Einkaufstüten neben sich, faltete
die Hände, und plötzlich kullerten Tränen über ihr Gesicht.

Erschrocken schlang Ruth den Arm um Hannas Schultern
und drückte sie fest an sich. Noch vor wenigen Wochen war
ihre Freundin mit federndem Schritt und gutgelaunt durch das
Leben gefegt. Und jetzt?

Es dauerte lange, ehe sich Hanna sanft aus der Umarmung
löste, die Nase schneuzte und dann mit rotgeränderten Augen
zu sprechen begann: „Ich halte das nicht mehr aus!" Dabei hielt
Hanna die Hände so verschlungen, dass die Knöchel weiß hervor traten.

„Was ist denn bloß passiert?"

Hanna holte tief Atem. „Frank hat so sehr an seiner Mutter gehangen, das weißt du ja. Mich hat sie nie recht leiden mögen, aber ich habe nichts gesagt." Heftiger Widerwille packte Hanna. „Weißt du, seit Frank vor drei Jahren starb, wird die Schwiegermutter tagtäglich schlimmer."

„Vielleicht kann sie dir nur nicht recht zeigen, dass sie dich mag. Na komm, sie ist sicher froh, dass sie bei dir wohnt. Welche Alternative hat sie denn? Altenheim! Wer will das?"

Energisch schüttelte Hanna den Kopf. „Das Elisabethenhaus hat einen hervorragenden Ruf und ist in der Nähe. Aber nein, sie hat ihren Wohnraum ausgedehnt. Die beiden Zimmer genügen ihr nicht mehr."

„Für eine Person? Wieso? Du hast doch sogar ein separates Bad für sie einbauen lassen", warf Ruth ein.

„Ja. Mittlerweile haust sie im gesamten oberen Stock. Das sind vier Zimmer. Sie hat sich ausgebreitet wie eine üble Seuche."

„Was? Das gibt's doch nicht! Die ist ja völlig übergeschnappt." Ein hilfloses Lächeln huschte über Hannas tränenfeuchtes Gesicht. Geräuschvoll schneuzte sie. Ruth war empört. „Wirf sie raus!"

Wie auf Kommando zuckten Hannas Schultern wieder rhythmisch, erneut tropften Tränen auf ihre Strickjacke. „Das ist es ja gerade!" Erst nach einer Weile konnte sie die Worte verständlich formen.

„Dadurch, dass wir kinderlos geblieben sind, gehört der Schwiegermutter rechtmäßig ein Viertel des Hauses. Frank hat kein Testament gemacht. Und das Miststück denkt nicht im Traum daran, freiwillig auszuziehen. Wozu auch? Mit Sicherheit findet sie keine andere Sklavin mehr." Wieder drückte Ruth mitfühlend Hannas Arm.

„Vor Wochen lud die Schwiegermutter eine Freundin ein. Frau Haag. Ich dachte mir, das sei eine gute Idee. Die beiden könnten in alten Erinnerungen schwelgen. Ich hoffte, dass dann das Aggressionslevel etwas sinken würde. Es sollte für zwei Wochen sein. Warum also nicht? Ich bereitete das Gästezimmer vor, kaufte einen riesigen Blumenstrauß und holte Frau Haag am Bahnhof ab. Kaum waren wir zu Hause, kam sie schon, die erste Überraschung. Schwiegermutter trottete die Treppen hinunter, begrüßte Frau Haag und es dauerte nur einen winzigen Moment, ehe sie lautstark zu zanken begannen."

Ruth reichte Hanna ein Papiertaschentuch und murmelte mehr zu sich: „Das kann doch nicht gut gehen."

„Du sagst es! Kaum erreichte Frau Haag das Zimmer, warf sie den Blumenstrauß weg, weil sie allergisch ist. Dann verlangte die Schwiegermutter eine Wildseidendecke wegen der Hygiene." Angewidert zog Hanna die Mundwinkel nach unten. „Einen Atemzug später bemäkelte Frau Haag die Aussicht, das Bett ist zu weich, die Nachttischleuchte zu grell, ihre gewohnten Zeitschriften liegen nicht am Platz. Immer noch sagte ich mir: ‚Hanna, reg dich nicht auf, es sind zwei Wochen, dann verschwindet Frau Haag.' War aber nicht."

„Was? Wieso?"

Traurig betrachtete Hanna ihre rissigen Hände. Nach kurzem Zögern sprudelte es aus ihr heraus: „Frau Haag gefällt es derart gut bei uns, dass sie sich zu bleiben entschloss."

Ungläubig starrte Ruth in Hannas verzweifeltes Gesicht. „Was? Sie streiten, und trotzdem will sie bleiben? Kannst du denn nichts dagegen unternehmen?"

„Dadurch, dass die Schwiegermutter einen Teil des Hauses besitzt, kann sie damit machen, was sie möchte."

„Aber doch nicht mit dem ganzen Stockwerk!"

Resigniert zuckte Hanna die Achseln. „Ich erhalte relativ viel Geld von Frau Haags Sohn. Der muss überglücklich sein, dass die Alte endlich weg ist. Er wohnt in Mannheim und hat sie jetzt erst mal freudig hier in Karlsruhe geparkt. Keine schlechte Idee, oder?" Hanna lachte kurz und zynisch. „Nee, vom Geld her kann ich mich nicht beklagen. Aber ich muss die alten Weiber behalten. Kannst du dir vorstellen, was die Schwiegermutter und Frau Haag als erstes getan haben, als ihre Wohngemeinschaft gegründet war?" Ruth schüttelte den Kopf. „Schlagartig wurden sie richtig fit, vergaßen Ischias und Arthritis und bewegten sich, als seien sie zwanzig. Augenblicklich haben sie neben den beiden Zimmern der Schwiegermutter die anderen Zimmer mit Beschlag belegt und rücksichtslos meine Sachen rausgepfeffert. Sie haben meine Bügelwäsche geschnappt und die Treppe hinuntergeworfen. Bügelbrett und Bügeleisen hinterher. Dann haben sie in den Zimmern die Teppiche herausgerissen, weil ihnen die Farbe nicht zusagt. Und schließlich forderten sie andere Teppiche. Veloursteppich in Superqualität. So einer liegt nicht einmal in meinem Wohnzimmer."

„Was hast du getan? Du hast ihnen doch hoffentlich den Marsch geblasen!", empörte sich Ruth.

Hannas gedämpfte Stimme klang verzweifelt. „Ach ja, ich war verdammt sauer und bin wohl auch ziemlich laut geworden. Die Folge war, dass beide in dieser Nacht alles unter sich gehen ließen."

„Moment, du meinst, sie haben ins Bett ..."

„Richtig. Und in den nächsten Nächten auch, bis sie diesen dämlichen Teppich hatten." Nachdenklich nickte Hanna und blickte traurig zu Ruth. „Wenn sie schreien, dass sie Suppe wollen und ich bringe ihnen welche, kann ich sicher sein, dass sie ausgerechnet diese Sorte nicht leiden mögen oder nicht vertragen. Auch wenn es die gleiche letzte Woche gab und sie die regelrecht verschlungen haben. Und manchmal liegen beide total steif im Bett und lassen sich von vorn bis hinten bedienen. Wenn ich mich wage, etwas zu sagen, leiden sie plötzlich an Blasenschwäche. Dann wieder, wenn ich länger als geplant beim Einkaufen bin, ist garantiert ‚versehentlich' irgendwas kaputtgegangen. Und das tut ihnen ja so leid! Ha, ha! Ich fange wirklich an, die Alten aus allertiefster Seele zu hassen!"

„Und das kann dir auch niemand verdenken!"

„Danke, Ruth."

Einen Moment lang hingen die beiden unterschiedlichen Gedanken nach. Dann legte Hanna eine Hand auf Ruths Arm. „Um Punkt zwölf wollen sie ihr Mittagessen, und um Punkt sechs das Abendessen." Bitter lachte Hanna. „Ich lebe nur noch nach der Uhr."

Aufgebracht ergriff Ruth Hannas Hand. „Mensch, lass dir etwas einfallen! Du gehst kaputt an den Alten."

Doch Ruth lächelte nur müde. „Ich weiß. Danke, dass du zugehört hast. Ich muss jetzt los, sonst komme ich zu spät. Und wer weiß, was in den durchgedrehten, alten Köpfen vorgeht. Ich rechne fest damit, dass sie wieder auf mir herumhacken. Wenn es ganz schlimm kommt, lassen sie nicht nur ihr Wasser laufen. Kannst du dir vorstellen, wie es dann aussieht?"

„Ach, du Scheiße", entschlüpfte es Ruth.

„Im wahrsten Sinne des Wortes. Ich beeile mich, damit ich das Schlimmste verhindern kann. Also, Ruth, bis dann!" Gequält lachte Hanna und griff nach den Einkaufstaschen.

Einen Moment lang schloss Ruth die Augen und legte die Stirn in Falten. „Ich würde sie umbringen! Wenn ich dir irgendwie helfen kann..."

„Danke. Das hast du bereits."

„Hanna!" Langsam drehte Hanna sich um. „Du kannst, solange du möchtest, bei mir wohnen. Ehe dich die Alten zugrunde richten." Kaum merklich nickte Hanna und begab sich auf den Heimweg.

Betrübt folgte Ruths Blick ihrer Freundin. Sie schlurfte die Straße entlang, schwere Einkaufstüten in jeder Hand. Wie durch einen unsichtbaren Magneten zurückgehalten, verlangsamten sich ihre Schritte, bis sie schließlich die Haustüre erreicht hatte, noch einmal tief durchatmete, um sich Mut zu machen und die normale Welt aussperrte.

Schon im Flur vernahm Hanna die von Alter verzerrten, zänkischen Stimmen. Die Furche zwischen ihren Augen grub sich noch etwas tiefer. Dann packte sie langsam die Einkaufstüten aus, stellte die Milch in den Kühlschrank und nahm die Wurst aus der Verpackung. Schließlich warf sie einen prüfenden Blick in den Ofen. Der Auflauf darin bekam eine hellbraune Kruste und mit einem Mal schwappte eine Welle ohnmächtiger Wut über Hanna. Ein kleiner Spritzer bräunlicher Flüssigkeit klebte an der Sichtscheibe. Automatisch griff Hanna nach einem Geschirrtuch und rubbelte ihn weg.

Selbst für ihren verstorbenen Mann Frank hatte sich Hanna nicht so mit dem Kochen bemüht, wie für die unangenehmen Alten. Noch einen Moment starrte sie in den Ofen, gab sich zuletzt einen Ruck und begann, die Küche zu putzen.

Als sie den Auflauf auf drei Teller verteilte, zwei davon auf ein Tablett schob und die Treppe hinauftrug, erschienen ihr die Alten wie lauernde Geier. Ihre Gesichter waren von Faltengalaxien durchzogen und von bläulichen Locken umrahmt. Boshaft waren die runzeligen Mundwinkel der Schwiegermutter nach unten gekrümmt, während sich Frau Haags Zunge im leicht geöffneten Mund bewegte wie ein kleines gefangenes Tier. Nachdem sich Hanna als unzuverlässiges Luder beschimpfen ließ, die Treppe viermal mit Kleinigkeiten hinauf- und wieder hinuntergeeilt war, ließen sie die Alten endlich in Frieden.

Doch an diesem Abend fand Hanna keine Ruhe. Wie wildgewordene Hornissen schwirrten Ruths Worte durch ihren Kopf. „Lass dir etwas einfallen!" Und Ruth hatte recht, so konnte es nicht weitergehen.

Hanna knetete die verkrampften Hände, bemerkte kaum die ins Zimmer sickernde Dunkelheit. Immer wieder dachte sie: „Ich muss mir etwas einfallen lassen. Es gibt eine Lösung. Ich muss sie nur finden."

Stunde um Stunde saß sie da, starrte in die Finsternis und zermarterte ihr Hirn. Und als draußen muntere Vögel den neuen Morgen begrüßten, war in Hanna ein Entschluss gereift. Sie huschte in den Keller, öffnete den Sicherungskasten und studierte den Zettel ihres verstorbenen Mannes. Sicherung acht, neun und zehn waren für den Herd zuständig. Sie drückte Schalter neun nach unten und lächelte geheimnisvoll.

Geradezu fröhlich bediente Hanna die mürrische Schwiegermutter und die nicht weniger missmutige Frau Haag. Mehrfach ließ sie sich die steilen Treppen hinab schicken, um noch Zucker, eine weitere Sorte Marmelade, ein weniger stark getoastetes Brot zu bringen. So sehr sich die Greisinnen auch bemühten, Hannas unerklärliche Heiterkeit ließ sich nicht dämpfen. Endlich waren die Alten satt.

„Ich bin eine Zeitlang unterwegs. Der Herd ist kaputt. Vielleicht kommt ein Mechaniker, vielleicht brauche ich gar einen neuen."

„Beeil dich", war der einzige Kommentar der Schwiegermutter.

Und Hanna sauste die Treppen hinab, griff nach der Strickjacke und eilte zum Küchenstudio in der Karlstraße. Dort blickte sie erst in die Schaufenster, dann betrat sie den Laden. Sofort trat ein höflicher, junger Verkäufer auf sie zu.

„Darf ich Ihnen helfen?"

„Ja. Ich brauche einen neuen Herd. Einen mit Zeitschaltuhr.“

„Die Herde stehen auf dieser Seite. Kommen Sie mit. Welchen Anschluss haben Sie denn? Gas oder Strom?“

„Beides.“

„Also, ich empfehle Ihnen dieses Modell. Ein mit ‚sehr gut‘ getestetes Gerät, unser Chronoluce-Herd, der alle Funktionalitäten ...“ Während Hanna den Herd inspizierte, redete der Verkäufer ununterbrochen weiter. Doch sie weilte mit ihren Gedanken schon weit in der Zukunft. Erst als eine plötzliche Stille eintrat, blickte Hanna auf und sah in das erwartungsvolle Gesicht des jungen Mannes.

„Was sagen Sie, kostet der Herd?“, erkundigte sie sich.

Der Verkäufer nannte den Preis, überreichte ein Prospekt und Hanna nickte. „Kann ihn jemand anschließen?“

„Selbstverständlich haben wir auch Monteure. Wann passt es Ihnen?“ Er zückte ein blaues Notizbuch.

„Jetzt.“ Der Verkäufer lachte.

Für den nächsten Morgen vereinbarten sie einen Termin. Hanna hob bei der Bank eine nicht unerhebliche Summe ab. „Morgen kriege ich einen neuen Herd“, erklärte sie der Dame hinter dem Schalter.

Zu Hause angekommen, warf Hanna einen schnellen Blick auf den alten Herd und grinste. Ein Schalter stand nicht ganz in der Null-Position. Ein sicheres Zeichen dafür, dass die Alten ihre Gebrechen vergessen und den Herd geprüft hatten. Wie berechenbar waren sie doch! Pflichtbewusst zeigte ihnen Hanna den Prospekt. Die Alten kauerten beide in ihren Sesseln, versanken fast darin und starrten sie mit durch die Brillen stark vergrößerten Augen an.

„Du warst viel zu lange weg“, keifte die eine.

„Ich konnte das Wasser nicht mehr halten“, giftete die andere.

„Hunger habe ich!“

„Und verdursten muss man hier auch!“

So ging das eine Weile, ehe Hanna endlich wieder nach unten gehen durfte. Wäre sie doch so stark wie Ruth! Die würde denen die Leviten lesen und sie im eigenen Dreck zugrunde gehen lassen.

Am nächsten Tag schloss der Monteur den Herd an. Aufmerksam las Hanna die Bedienungsanleitung. Ein paar Tage probierte sie ihn aus. Sie war überaus zufrieden. Nachmittags rief sie Ruth an.

„Hallo. Stell dir vor, ich habe mir jetzt extra für die Weiber einen Chronoluce-Herd angeschafft."

„Du meinst so einen mit Zeitschaltuhr und allen Schikanen?"

„Ja. Ich brauche nur noch das Futter in den Ofen zu schieben und die Zeit einzustellen. Ich habe es ein paar mal ausprobiert. Funktioniert tadellos."

„Der Herd muss dich ein Vermögen gekostet haben."

Hanna nickte, obgleich Ruth sie nicht sehen konnte. „Aber er lässt mir eine winzige Spur mehr Freiheit. Seither gibt es nur noch Aufläufe."

„Mensch, Hanna. Lass dich nicht versklaven."

„Das werde ich zu verhindern wissen, Ruth, glaube mir!" In Hannas Stirn grub sich eine entschlossene Falte.

„Ich kaufe jetzt die Zeitschriften. In zwei Stunden bin ich wieder hier."

Ärgerlich nickte die Schwiegermutter. „Aber ja nicht später. Überhaupt, warum so lange? Du weißt, ich muss die neue Häkelanleitung haben."

Übermütig tätschelte Hanna den dünnen Arm mit den hervorquellenden blauen Adern. „Keine Sorge, ich beeile mich."

Dann sauste sie ins Wohnzimmer, schnappte den kleinen Aktenkoffer aus der unteren Schrankschublade, stellte die Kombination ein und wühlte im Inhalt. Sie fischte einige Unterlagen heraus und steckte sie in einen großen braunen Umschlag, den sie sorgfältig zuklebte. Resolut schloss sie den Kofferdeckel, ließ die Schlösser einschnappen und schob die Aktensammlung zurück in die Schublade. Schließlich ergriff sie ihre Strickjacke, klemmte den Umschlag unter den Arm und eilte hinaus. Einen Moment lang besann sie sich, kehrte zurück, fasste den Koffer, öffnete ihn erneut, warf den Umschlag hinein und verließ mit dem Aktenkoffer das Haus. Am Kiosk an der Ecke erstand sie die Zeitschriften, setzte sich in den Bus und fuhr geradewegs zu Ruth.

Sie läutete Sturm. Endlich öffnete Ruth, verschlafen, im Morgenrock. „Was ist passiert? Komm rein, Hanna."

Doch Hanna schüttelte den Kopf. „Danke. Keine Zeit." Sie reichte Ruth den schwarzen Aktenkoffer. „Würdest du den bitte für mich aufbewahren?"

„Sicher. Was ist es denn?"

Zu Ruths Überraschung lächelte Hanna. „Ich möchte dich nicht mit Wissen belasten. Lass dir nur soviel gesagt sein: Es ist mein Leben."

„Was?"

Jetzt kicherte Hanna sogar. „Das ist meine Zukunft. Gib gut darauf acht."

Zögernd griff Ruth nach dem Koffer. Einen winzigen Moment lang befürchtete sie, Hanna hätte den Verstand verloren. Mit einer ungeduldigen Handbewegung verscheuchte sie diesen Gedanken jedoch wieder. „Ich weiß nicht, Hanna. Du erscheinst mir recht seltsam heute Morgen. Ist wirklich alles in Ordnung?"

„Es geht mir so gut wie selten zuvor."

„Und die Weiber?"

Verschwörerisch legte Hanna einen Finger über ihre Lippen und schüttelte lächelnd den Kopf. „Ich muss los." Damit drehte sie sich um. Erstaunt registrierte Ruth Hannas federnden Schritt; sie war energiegeladen.

Hanna erwischte gerade noch den Bus und erreichte fast pünktlich nach zwei Stunden ihr Haus. Als sie den Schlüssel ins Schloss stieß, blickte sie die Front hinauf. Hinter dem Vorhang bemerkte sie eine winzige Bewegung. Augenblicklich flutete ungezügelte Wut über Hanna und festigte ihren Entschluss.

Erstaunlich friedlich stürzten sich die Alten auf die Lektüre, während Hanna Suppe kochte und den Auflauf für abends vorbereitete. Sie schälte Kartoffeln, schnitt dünne Scheiben, schichtete sie mit Champignons in eine Auflaufform, kippte mit Ei vermengte Sahne darüber, würzte das Ganze und rieb Käse, den sie in einer sorgfältigen Lage über der Masse verteilte. Dann schob sie die Form in den Ofen. Durch einen Kochlöffel hielt sie die Tür einen Spalt offen, programmierte die

Zeitschaltuhr auf vier Uhr und wartete. Von Zeit zu Zeit warf sie einen Blick auf die Uhr. Im Grunde wollte sie, dass sich die Zeiger schneller bewegten, und gleichzeitig hatte sie Angst davor. Bis endlich die Zeiger ihrer zierlichen Armbanduhr auf zehn Minuten vor drei standen.

Dann lief sie die Treppen hinauf. Es roch nach Alter und Zerfall, als sie die Zimmertür aufstieß. „Um sechs bin ich wieder hier."

„Wo willst du denn jetzt schon wieder hin?", knurrte die Schwiegermutter, ohne jedoch den Blick zu heben. Sie schien die ausbleibende Antwort nicht zu bemerken. Hinter der dicken Brille wanderten die kleinen, durch Tränensäcke fast verschwindenden Augen unablässig zwischen Häkelnadel und Zeitschrift hin und her. Frau Haag hatte den Fernseher angestellt und saß regungslos davor. Auch sie kümmerte sich nicht um Hanna. Offensichtlich war heute kein Meckertag. Beruhigt zog sich Hanna zurück und schloss leise die Tür hinter sich.

In der Küche stellte sie einen Wasserkessel auf die Feuerstelle des Herdes, drehte den Schalter nach rechts, zögerte einen Moment. Dann schloss sie die Tür, blickte sich abschließend mit einem winzigen Anflug von Bitterkeit noch einmal im Flur um und ließ mit einem Seufzen die Haustür ins Schloss schnappen.

Kurz nach drei wartete Hanna in einer Schlange im Gemüseladen, packte Blumenkohl und Kartoffeln in ihre Einkaufstasche, erreichte kurz vor vier das Reformhaus. Sie plauderte ein wenig mit einer Nachbarin, während sie einige Artikel in den kleinen Einkaufskorb packte.

Um Punkt vier gab es einen gewaltigen Knall, der weder von einem Autounfall noch von Donner rührte. Gemeinsam mit den anderen Kunden im Laden eilte Hanna auf die Straße. Von Weitem erblickte sie die Rauchwolke und schloss sich den Neugierigen an. Als sie um die Ecke bog, sah sie ihr Haus, dessen Vorderfront fehlte. Eine enorme Explosion hatte die Frontseite aus dem Gebäude gerissen, es brannte. Gierig leckten prasselnde Flammen an den alten Möbeln und der Holztreppe. Wie eine Lawine quoll dunkler Rauch aus den geborstenen Fenstern und dem unnatürlich großen Leck. Die Decke des oberen Stockwerks war eingestürzt und hing schief über dem Trümmerhaufen, der einst Küche war.

Plötzlich fühlte Hanna eine Hand auf ihrer Schulter. Ein Mann, den sie durch die von Tränen verschleierten Augen nicht erkannte, berührte sie tröstend. Er ahnte nicht, dass es Tränen der Freude und Erleichterung waren.

Nach der Untersuchung im Krankenhaus, einer Beruhigungsspitze und dem kurzen Verhör auf der Polizeiwache ließ sich Hanna von einem freundlichen Beamten zu Ruth fahren.

Diesmal öffnete Ruth in Jeans und lässiger Bluse. Sie stand einer strahlenden Hanna gegenüber. Sofort fiel ihr Ruth um den Hals. „Ich habe von der Explosion gehört. Gottlob lebst du! Ich wusste nicht, wo ich dich suchen soll. Ich habe gehofft, dass du kommst. Was ist denn passiert?"

„Ich befürchte, mein neuer Herd hat versagt."

„Davon explodiert doch das Haus nicht!"

Hanna lächelte versonnen. „Bei einem Gasherd unter Umständen schon. Weißt du, da ist so ein kleines Röhrchen in dem Ofen, dort tritt das Gas aus. Tja, und die Zeitschaltuhr ist toll. Das Gas entzündet sich selbst und hält die gewählte Temperatur. Nur schade, wenn vorher Gas entweicht und dann die Zündung anspringt!"

Ruth starrte sie mit offen stehendem Mund an, und Hanna grinste schelmisch. Die Müdigkeit war ihr deutlich vom Gesicht abzulesen, doch die Augen funkelten unternehmungslustig. „Du hast es getan, du hast es wirklich getan! Ich kann's nicht glauben", stammelte Ruth.

„Kann ich ein paar Tage hier wohnen?"

Wortlos zog Ruth Hanna in die Küche. Sie reichte ihr den Aktenkoffer. „Ich nehme an, du möchtest dein Leben zurück."

Und Hanna lachte laut, als sie den Koffer öffnete, den zugeklebten Umschlag entnahm und Sparbuch, etwas Bargeld und Versicherungspolicen hervorzog. Etwas huschte über Ruths Gesicht; ob es Bewunderung oder Überraschung war, konnte Hanna nicht ausmachen.

Das Geheimnis der Tulpenmädchen

Kommissar Greg Svenssons Blick schweifte von der alten Dame, die würdevoll auf dem schneeweiß bezogenen Bett lag, durch das ordentlich aufgeräumte Zimmer zum Fenster. In den Ästen der alten Eiche hockte eine Krähe. Den Kopf schräg gestellt, taxierte sie Greg, als wollte sie ihm etwas mitteilen. Dann flog sie krächzend davon.

Greg kratzte sich nachdenklich am Ohr.

„Ich habe sie doch geliebt! Ich - habe - sie - geliebt! Und jetzt ist sie tot!" Die Verzweiflung stand dem Alten ins Gesicht geschrieben.

Gregs Blick verweilte für einen Augenblick auf dem alten Mann, dann betrachtete er wieder die Tote. In einem langen, weißen Kleid lag sie auf dem Bett, die Hände wie eine Heilige über dem Bauch gefaltet. Sie schien vollkommen entrückt! Ein unbeschreiblich sanfter Ausdruck lag auf ihrem leuchtenden, von einer zarten Blässe überzogenen Gesicht, das so frisch und jugendlich schien, als würde sie sich ihrem Mittagsschlaf widmen. Fast glaubte Greg, ihren Atem zu spüren. Das aber war Unsinn. Sie war tot, basta!

„Was soll ich denn jetzt ohne sie machen?!", jammerte der Alte. „Sie ist zu früh gegangen! Viel zu früh ...!"

Greg schrak hoch und blickte den Alten an, als sähe er ihn zum ersten Mal. Seine Gedanken waren abgedriftet, hingen irgendwo zwischen seiner beruflich wie auch privat gescheiterten Vergangenheit und dem neuen Leben, das er hier in Karlsruhe beginnen wollte.

Für einen Moment flackerte das Bild seiner Frau vor seinem geistigen Auge, die Szene eines hässlichen Streits. Auch wenn er es nie hatte wahrhaben wollen, gestand er sich jetzt ein, dass die Trennung die beste Option gewesen war. Vielleicht hätten sie diesen Schritt schon vor zehn Jahren gehen sollen. Vermutlich wäre ihm dann der unverzeihliche Fehler nicht unterlaufen, der nicht nur ihn, sondern das gesamte Hamburger Polizeipräsidium zum Gespött gemacht hatte: Er ließ den falschen Untersuchungshäftling laufen!

„Wir haben nicht genügend Beweise, um ihn weiter hierzubehalten", hatte der Untersuchungsrichter gesagt. „Setzen Sie den kleinen Gauner an die frische Luft."

Immer noch in Gedanken an die heftige Auseinandersetzung mit seiner Frau, hatte er nur mit halbem Ohr zugehört. Und dann die falsche Zellentür geöffnet, dem Gefangenen dabei nicht einmal ins Gesicht geblickt. Diesen gefährlichen Raubmörder zu fassen, hatte seine Kollegen zweieinhalb Jahre Ermittlungsarbeit gekostet. Greg wunderte sich bis heute, dass er vom Hauptkommissar lediglich zum Kommissar degradiert worden war.

Um der schneidenden Kälte seiner Kollegen zu entkommen, hatte er sich um eine Versetzung bemüht. In eine Stadt, mit der ihn nichts verband, von der er nicht viel mehr als den Namen kannte. Da kam ihm die unerwartete Begegnung mit Thomas, einem Jugendfreund, gerade recht. Kaum vier Wochen lag es zurück, als sie sich nach über zwanzig Jahren an der Außenalster zufällig über den Weg gelaufen waren. Er hatte vor Thomas seine Lebensgeschichte ausgebreitet, ihm erzählt, dass er woanders ganz von vorne beginnen wollte.

„Komm doch nach Karlsruhe", hatte Thomas vorgeschlagen, „da bist du wenigstens nicht ganz allein. Immerhin wohne ich dort. Und das schon seit über zehn Jahren."

Ja, Karlsruhe, so war es gekommen. Seinem Versetzungsantrag war so schnell entsprochen worden, dass die Freude seiner Vorgesetzten über diesen Schritt nicht zu übersehen war ...

„Viel zu früh ist sie gegangen. Hat mich einfach allein zurückgelassen ..."

Irritiert nahm Greg den Alten wieder wahr. Reiß dich zusammen, dachte er. Komm endlich in deinem neuen Leben an! In deiner neuen Stadt!

Greg versuchte, sich wieder auf die Tote und die Worte des Alten zu konzentrieren. Seinen ersten Fall in Karlsruhe. Und womöglich seine letzte Chance. Irgendwie wurde er das Gefühl nicht los, dass genau dieser Fall sein Leben von Grund auf verändern würde ...

Wieder schniefte der Alte. „Ich habe sie doch geliebt!"

Greg nickte. Tief in seinem Innern sagte ihm eine Stimme, dass hier etwas nicht stimmte, wenngleich es ein vollkommen normaler Vorgang war, wenn Menschen ab einem gewissen Alter ihr irdisches Leben aufgaben. Auch oder gerade wenn sie so unnatürlich jugendlich aussahen. Er blickte nochmals auf den Totenschein, den er schon eine geraume Weile zwischen seinen Fingern hin und her schob: Verdacht auf Herzstillstand, Todesursache nicht aufgelöst. Der Hausarzt schien sich nicht sicher, deshalb hatte er, wie in solchen Fällen üblich, die Kriminalpolizei informiert. Und Greg kam die undankbare Aufgabe zu, dieser Routineangelegenheit nachzugehen. Eine Arbeit, mit der meist Neue, Unerfahrene und Versager wie er betraut wurden.

„Was ist denn passiert?", fragte Greg und fluchte wortlos, weil seine Kollegin noch immer nicht aufgetaucht war. Der Alte blickte ihn an, als hätte er die Frage nicht verstanden. Erst nach einer Weile begann er zu sprechen: „Sie ist tot ... Ich meine, sie lag tot neben mir, als ich heute aufwachte. Sie muss eingeschlafen sein, ... für immer ... mitten in der Nacht ... ohne sich von mir zu verabschieden ... sie war doch … ein Tulpenmädchen ..."

Der Alte stockte, als wollte er seine Worte zurücknehmen.

„Ein Tulpenmädchen? Was meinen Sie damit?"

„Ein Tulpenmädchen ... nichts, nichts ... das Geheimnis ... die Vergangenheit der Stadt ... der Markgraf Karl Wilhelm ... die Dreihundertjahrfeier ... ich habe sie doch ... geliebt ...!"

„Ein Tulpenmädchen? Das müssen Sie mir schon genauer erklären!"

Doch der Blick des Alten verlor sich irgendwo im Nichts ...

„Greg! Schön, dass du endlich hergefunden hast! Komm rein."

Greg reichte Thomas eine Flasche Rotwein. „Die sollten wir köpfen."

„Na klar! Setz dich schon mal auf den Balkon. Bei diesem Wetter müssen wir die Aussicht über die Stadt genießen. Ich bin gleich bei dir." Wenige Minuten später erschien er mit der entkorkten Flasche, zwei Gläsern und einer eilig zusammengestellten Käseplatte.

„Auf dich!", sagte er, nachdem er die Gläser gefüllt hatte. „Und dein neues Leben hier in Karlsruhe."

Sie stießen an und tranken einen Schluck.

„Hat übrigens ganz schön lange gedauert, bis du den Weg zu mir gefunden hast. Immerhin lebst du schon seit drei Wochen in der Stadt, wenn ich richtig informiert bin."

Greg zuckte die Schultern. „Du weißt schon ..."

„Immer noch ganz der Alte," lachte Thomas, „nie beendest du deine Sätze."

Schweigend ließen sie ihre Blicke über die Stadt schweifen, hinter deren Silhouette die Sonne in der Nacht versickerte.

„Nun sag schon, was ist los, Greg? Du bist so nachdenklich."

„Was weißt du über die Tulpenmädchen?"

„Wie kommst du denn ausgerechnet auf die? Sie lebten vor dreihundert Jahren! Wenn du ein Mädchen kennenlernen willst, solltest du ausgehen, statt in der Geschichte dieser Stadt zu wühlen."

„Ich meine es ernst. Was weißt du über sie? Wen sollte ich fragen, wenn nicht dich, Thomas. Ich nehme an, du bist noch immer derselbe Geschichtsfanatiker, der du immer warst. Einer, der sich in der Vergangenheit besser auskennt, als in der Gegenwart."

Thomas grinste. „Immerhin kommt meine Freundin aus unserer Zeit ..."

„Du hast meine Frage nicht beantwortet."

„Wegen der Tulpenmädchen? Ja. Da müssen wir das Rad der Zeit ein wenig zurückdrehen. Bis ungefähr 1720. Damals hielt sich der Markgraf Karl Wilhelm von Baden-Durlach eine Reihe von Mätressen, die später Tulpenmädchen genannt wurden. Wohl deshalb, weil er nicht nur diese Mädchen, sondern auch Tulpen liebte. In seinen Gärten ließ er über tausend Sorten anbauen. Jedenfalls wurde dies in einem 1713 erstellten Katalog so dokumentiert."

„Tausend Sorten? Ich könnte keine zehn auseinanderhalten!" Thomas schmunzelte. „Da stimme ich dir zu. Aber es geht noch weiter. Offiziell waren die Mädchen, die durchwegs aus armen Verhältnissen stammten, Sängerinnen, denen der Markgraf auch eine entsprechende Gesangsausbildung zukommen ließ. Doch die große Zahl der gezeugten Kinder lässt vermuten, dass sie nicht nur der musischen Unterhaltung dienten. Zeitweise sollen es bis zu sechzig Hofsängerinnen gewesen sein. Die Quellen gehen da etwas auseinander. Mehr weiß ich nicht."

„Danke, Thomas. Fürs Erste genügt mir das."

„Schön, dass Sie da sind, Sabrina", sagte Greg. „Nachdem Sie die letzten beiden Tage krank waren, muss ich Sie wohl erst auf den aktuellen Stand bringen."

„Sparen Sie sich das. Ich war heute schon sehr früh hier und habe Ihren Bericht gelesen. Interessante Geschichte", antwortete Kriminalmeisterin Sabrina Frank.

„Sie kennen die Tulpenmädchen?"

„Ja, als Kind wollte ich selbst immer eines sein. Ich kleidete mich in kräftigen Farben wie eine Blume und tanzte zu einer Musik, die niemand außer mir hören konnte, um das Tulpenbeet in unserem Garten. Die Tulpenmädchen sind vielen Karlsruhern ein Begriff. Vor allem den Älteren. Manche reden sogar von einem Geheimnis der Tulpenmädchen. Doch niemand konnte mir bislang erklären, was dahinter steckt."

„Na ja, dann wäre es auch kein Geheimnis mehr!"

Sabrina schmunzelte. „Und Sie glauben, dass die alte Dame keines natürlichen Todes gestorben ist? Dass womöglich jemand nachgeholfen hat?"

Greg zuckte die Schultern. „Es gibt keinen konkreten Hinweis. Ein Bauchgefühl, mehr nicht. Aber mein Gefühl trügt mich selten. Der Arzt war sich auch nicht sicher."

„Wie dem auch sei, ich habe eine Schwäche für Fälle mit Gefühl ..."

Sabrina zwinkerte Greg aufmunternd zu, bevor sie fortfuhr: „Übrigens war ich heute schon fleißig und habe etwas anderes entdeckt. Es hat ebenfalls mit den Tulpenmädchen zu tun."

Greg blickte Sabrina erwartungsvoll an.

„Sie kennen doch das Seilerhaus?"

Greg nickte.

„Nun, es wurde 1723 erbaut, später von einem Seilermeister

gekauft. Ende des 20. Jahrhunderts sollte es abgerissen werden. Der Altstadtverein kaufte das Gebäude, renovierte und verpachtete es. Einige Jahre wurde es als Restaurant genutzt. Ende 2014 ging es schließlich in den Besitz eines Privatmannes über. Zu einem verdammt niedrigen Preis."

„Bis hierher nicht besonders aufregend ..."

„Warten Sie ab, Greg. Es gibt da noch etwas, das Sie vielleicht interessieren wird. Und mit dem Geheimnis der Tulpenmädchen zu tun haben könnte. Ungefähr 1734 hatte der Markgraf beschlossen, seine Hofsängerinnen vom Hof zu schicken und sich wieder seiner Gattin anzunähern. Doch seinem Lieblingsmädchen, von dem ihm die Trennung besonders schwer fiel, versprach er, ihrer ältesten weiblichen Nachfahrin bei der Dreihundertjahrfeier der Stadt ein Haus zu vererben. Einzige Bedingung sei, dass sie Karline heißen müsse. Gemeint war das Seilerhaus."

„Das jetzt verkauft ist. Da wird aus dem Erben wohl nichts werden!"

„Kann ein Testament nach fast dreihundert Jahren überhaupt noch gültig sein?"

„Keine Ahnung! Aber das spielt keine Rolle mehr. Da sich das Gebäude nicht mehr im Besitz der Nachkommen des Markgrafen befindet, dürfte das Testament auch keine Bedeutung mehr haben. Sofern es überhaupt existiert."

„Der Kaufvertrag enthält eine kleingedruckte Klausel, die darauf hinweist, dass unter Umständen im Jahre 2015 eine Erbin auftauchen könnte, die Ansprüche stellen wird. Daher vermutlich der niedrige Preis des Hauses."

„Und Sie glauben, dass der Käufer etwas mit dem mysteriösen Tod der alten Dame zu tun haben könnte? Weil sie Karline heißt? Wer ist denn der unglückselige Käufer? Haben Sie das ebenfalls schon ausfindig gemacht?"

„Hab ich, Greg. Er heißt Alexander Becker, ist 54 Jahre alt, lebt in Pforzheim, ein unbescholtener Bürger. Persönlich konnte ich ihn noch nicht sprechen, er ist verreist. Angeblich schon vor dem Ableben von Karline Bachmann."

Wütend ballte Greg die Faust.

„Fünf Tage sind seit dem zweifelhaften Tod der alten Dame vergangen, und wir sind noch keinen Schritt weiter!"

Resigniert schweifte sein Blick über die Lichter der Stadt.

„Weißt du, Thomas, Sabrina und ich ermitteln mehr oder weniger auf eigene Faust. Nach den vorliegenden Erkenntnissen hätten wir den Fall längst zu den Akten legen müssen. Trotz der Zweifel des Hausarztes gibt es keinen konkreten Anhaltspunkt, der eine Obduktion rechtfertigen würde. Zu allem Überfluss erscheint die Geschichte mit dem Seilerhaus geradezu lächerlich. Und dennoch bin ich mir absolut sicher, dass an diesem Todesfall etwas faul ist."

„Reg dich nicht auf", sagte Thomas. „Falls es etwas herauszufinden gibt, werdet ihr das schon schaffen!"

„Und wie erklärst du dir den entrückten, glücklichen Gesichtsausdruck der Toten?"

„Da solltest du deine Gerichtsmediziner fragen. Drogen, Narkotika, was weiß ich. Es gibt viele Stoffe, die ein paar Stunden später nicht mehr nachweisbar sind."

Den Abend des nächsten Tages verbrachte Greg Svensson im Schlosspark. Das letzte Licht des Tages verkroch sich hinter den Bäumen. Was Greg jetzt brauchte, war frische Luft und die befreiende Leere der Nacht. Er hatte lange gearbeitet, aber seine Nachforschungen steckten nach wie vor fest.

Der Anfangsverdacht gegen den Ehemann der Toten erhärtete sich genauso wenig wie der Verdacht gegen Alexander Becker. War die Klausel im Kaufvertrag des Seilerhauses womöglich eine falsche Fährte? Er hatte das Gefühl, als stocherte er im Nebel und der Alte führte ihn noch tiefer hinein ...

Greg erhob sich von der Bank und lief in Richtung Fasanenschlösschen. Die alten Eichen drängten sich immer dichter und das wenige wolkenzersauste Licht, das ihre noch kahlen Äste durchließen, gab der Nacht etwas Gespenstisches. Doch dann wurde der Bestand wieder lichter und Greg erkannte den Fasanengarten. Aus der Ferne drangen die Geräusche der Stadt herüber.

Im Fasanenschlösschen war bereits alles dunkel. Lediglich in einem der beiden chinesischen Teehäuschen auf der anderen

Seite des Gartens flackerte ein schaler Lichtschein.

Greg hatte keine Ahnung, wozu die Teehäuser genutzt wurden. Er schlich näher heran. Durch eines der Fenster sah er einen alten Mann und eine junge Frau, die sich wild gestikulierend miteinander unterhielten. Zwischen ihnen, auf einem niedrigen Tischchen, dampften zwei Tassen mit Tee. Plötzlich wandte die junge Frau ihr Gesicht zum Fenster. Greg erschrak, als die flackernde Kerze ihre Züge beleuchtete: Das Gesicht der Toten!

Greg drückte sich an die Wand und hoffte, dass sie ihn nicht gesehen hatte. Es blieb still. Nach einer Weile entfernte er sich und suchte hinter einer nahegelegenen Eiche Schutz.

Nach etwa einer halben Stunde wurde die Tür geöffnet. Der alte Mann umarmte die junge Frau, dann gingen sie in verschiedene Richtungen davon. Greg staunte, als er den Ehemann der Toten erkannte. Da er wusste, wo dieser wohnte, ließ er ihn unbehelligt weitergehen und folgte der Frau.

Diese hielt geradewegs auf den Schlossturm zu und schwenkte dort auf den neu angelegten Fliesenweg Richtung Majolika Manufaktur. Am Schlossgartensee blieb sie nachdenklich stehen, dann setzte sie sich auf eine Bank am Ufer.

„Darf ich mich zu Ihnen setzen?", fragte Greg, nachdem er aus dem Schatten einer Eiche hervorgetreten war.

„Oh, haben Sie mich aber erschreckt! Was wollen Sie denn hier, mitten in der Nacht."

„Das wollte ich Sie gerade fragen. Mein Name ist Greg Svensson, Kripo Karlsruhe", sagte Greg und zeigte ihr seinen Dienstausweis.

„Nicht nötig", wehrte die junge Dame ab. „Karline Bachmann. Ich hatte bereits mit Ihrem Besuch gerechnet. Allerdings nicht hier im Park, mitten in der Nacht."

„So, hatten Sie das? Weshalb, wenn ich fragen darf?"

Karline blickte ihn verwundert an.

„Immerhin ist meine Großmutter gestorben. Ist es da nicht üblich, von der Kripo befragt zu werden? Zumindest nahm ich das an, schließlich war ich wie eine Tochter für sie. Ich bin bei meinen Großeltern aufgewachsen."

Greg nickte bedächtig und ärgerte sich, dass er bislang nichts von der Existenz einer Enkelin gewusst hatte. Selbst im fahlen Mondlicht war die Ähnlichkeit nicht zu übersehen.

„Was wissen Sie über den Tod Ihrer Großmutter?"

„Nicht viel", antwortete Karline. „Eigentlich gar nichts, Herzstillstand, Altersschwäche, irgendetwas in der Art."

„Was macht Sie da so sicher?"

„Immerhin war sie bereits achtzig!"

„Darf ich fragen, weshalb Sie sich mit Ihrem Großvater im chinesischen Pavillon getroffen haben? Und nicht bei Ihnen oder bei ihm zu Hause?"

„Sie sind mir also gefolgt? Na ja, wie auch sonst hätten Sie mich hier im Park aufspüren können! Wir treffen uns oft da, auch schon vor Großmutters Tod. Es ist einfach gemütlicher, als bei uns in der WG. Und dass wir nicht in Großvaters Haus gegangen sind, werden Sie sicherlich verstehen. Jetzt, so kurz nach Großmutters Tod."

„Hatte Ihre Großmutter Feinde?"

„Feinde? Wir Tulpenmädchen haben alle Feinde ... Aber weshalb fragen Sie? Sie glauben doch nicht ... Sie war doch schon so alt ..."

„Sie sind also auch ein Tulpenmädchen? Was ist denn so Besonderes daran?"

„Hmmh ... na ja ... das wissen Sie nicht? Wir sind Nachkommen des Markgrafen Karl Wilhelm von Durlach."

„Und was nützt Ihnen das heute noch? Immerhin leben wir fast dreihundert Jahre später. Und die Kinder der Tulpenmädchen wurden vom Markgrafen nie legitimiert."

„Aber es gibt ein Geheimnis, das wir wahren."

„Und das wäre? Vielleicht hilft uns das weiter."

„Dann wäre es ja kein Geheimnis mehr!"

Karline lachte bitter auf, erhob sich und verschwand mit einem knappen Gruß in der Dunkelheit.

Greg blieb noch eine Weile sitzen und starrte nachdenklich auf den kleinen See hinaus. Wenn niemand bereit war, ihm weiterzuhelfen, musste er das Geheimnis eben selbst lüften.

„Wissen Sie, Greg, ich glaube inzwischen, dass das Testament und das Geheimnis der Tulpenmädchen eine Falle war.

Für uns. Irgendwer verfolgt einen Plan, den wir nicht kennen und falls dabei etwas schief geht, sollten wir auf eine falsche Fährte gelockt werden. Was auch gelungen ist. Und Alexander Becker sollte der Hauptverdächtige sein", sagte Sabrina.

Greg nickte.

„Ja, daran habe ich auch schon gedacht. Vermutlich haben Sie recht. Mein Freund Thomas hat die Information mit dem Geheimnis der Tulpenmädchen nochmals überprüft. Es scheint so, als hätte es niemals existiert – zumindest nicht das Geheimnis, das auf den Markgrafen Karl Wilhelm zurückgehen soll. Historisch ist es nicht verbürgt ...""

„Ist ja auch eine seltsame Vorstellung, etwas Hunderte von Jahren nach dem eigenen Tod vererben zu wollen. Wobei wir noch immer keinen Anhaltspunkt haben, der Ermittlungen rechtfertigen würde. Vielleicht verrennen wir uns in etwas, das es gar nicht gibt."

„Nicht ganz", sagte Greg, während ein wissendes Lächeln seine Lippen umspielte. „Wir sollten dem Ehemann der Toten noch einen Besuch abstatten."

Dann erzählte er Sabrina die Geschichte, die er am Vorabend im Park erlebt hatte.

„Übrigens müssen Sie unter einem Vorwand seine Enkelin zu ihm locken, wenn ich ihn morgen Nachmittag in seiner Wohnung nochmals verhöre. Sie kennt Sie nicht, Sabrina."

In der Nacht träumte Greg. Ein seltsamer Traum, so real, dass er sich im Schlaf fragte, ob er tatsächlich träumte. Einem Vogel gleich segelte er unter einem weiten Himmel und betrachtete seinen eigenen Körper, der tief unter ihm durch den botanischen Garten von Karlsruhe wandelte.

Eine junge Frau in einem grünen Kleid kreuzte seinen Weg. Karline! Die Enkelin der Toten! Sie aber schien ihn nicht zu bemerken. Zielstrebig eilte sie an ihm vorüber, als existierte er nicht. Sie hielt auf eine Gruppe von Büschen zu, die Greg nicht kannte. Vermutlich tropische Gewächse, mit Früchten, die rot in der Sonne leuchteten. Unsicher blickte sich die junge Karline nach allen Seiten um. Erst als sie sich unbeobachtet fühlte, zupfte sie hastig ein paar der Früchte ab und ließ sie in einer

Tasche ihres Kleides verschwinden. Dann ging sie zügig weiter und verließ durch ein Tor den Garten.

Die Büsche hielten Gregs Blick gefangen.

Plötzlich kam Leben in Gregs Körper. Zielstrebig wandte er sich den Büschen zu und pflückte ebenfalls ein paar Früchte.

Als er erwachte, erinnerte er sich dunkel an den Traum. Er versuchte, seine Bedeutung zu verstehen. Hatte er überhaupt etwas zu bedeuten? Lediglich die Früchte und das blasse Gesicht der jungen Karline waren in seinem Gedächtnis haften geblieben. Die Früchte!

Greg sprang aus dem Bett, griff nach der Hose, die er abends auf einem Stuhl abgelegt hatte und fasste in die Tasche. In seiner Hand lagen drei kleine rote Früchte. Früchte, die er nicht kannte. Er wunderte sich noch, wie sie aus seinem Traum in die Hosentasche gelangt waren, doch das war jetzt seine geringste Sorge.

„Für die Gerichtsmedizin ...", murmelte er.

„Sie waren derjenige, der Ihre Frau ermordet hat", sagte Greg.

„Sind Sie verrückt geworden?! Weshalb hätte ich das tun sollen? Sie starb an Herzversagen!", rief der Alte empört.

„Sie oder ihre Enkelin. Oder Sie beide zusammen. Auch das ist denkbar."

Der Alte schwieg mit hochrotem Kopf die Wand an. Seine Wut war deutlich zu erkennen.

Plötzlich wurde die Tür geöffnet. Sabrina schob Karline Bachmann vor sich her.

„Hallo Greg, da bin ich wieder. Sehen Sie mal, wen ich mitgebracht habe ..."

„Gut gemacht, Sabrina, da haben wir ja die Mörderin!"

„Die Mörderin?", fragte Karline entrüstet. „Was wollen Sie damit sagen ..."

„Vielleicht erinnern Sie sich an die Früchte, die Sie im botanischen Garten geerntet haben. Rot, süß, narkotisch. Nach ein paar Stunden nicht mehr nachweisbar."

„Ich verstehe nicht, wovon Sie reden ..."

„Doch dann geht etwas schief. Der Hausarzt ist sich wider Erwarten unsicher. Ein Kommissar taucht auf. Plan B, gut vorbereitet, kommt zum Einsatz. Der getroffene Großvater vergießt ein paar unschuldige Tränen für seine geliebte verstorbene Frau und legt eine falsche Fährte – das Geheimnis der Tulpenmädchen. Noch ein kleiner Hinweis an die Kripo zu einem ominösen Testament ..."

Karlines Gesicht war blass geworden.

„Für die Kripo war dieses Testament – leider – zu skurril, als dass es zu offiziellen Ermittlungen gereicht hätte. Die Untersuchung wurde abgeschlossen. Somit musste die Leiche nicht in die Gerichtsmedizin. Was sicherlich ein großes Problem dargestellt hätte und nicht in Ihrem Sinne gewesen wäre. Doch anstelle der Leiche wanderten nun die roten Früchte ins Labor. Gerade noch rechtzeitig vor der Beerdigung Ihrer Großmutter! Den Sarg haben wir überprüft. Sie haben Ihre Tränen am Grab umsonst vergossen. Er war leer. Wenn man von den paar Steinen absieht, die ihr Gewicht simulieren sollten. Aber das wussten Sie ja."

Karline rang nach Worten, fand jedoch keine.

„Ach, fast hätte ich es vergessen: Die Lebensversicherung Ihrer Großmutter hat den Eingang der Sterbeurkunde bestätigt. 150.000 Euro zu Ihren Gunsten. Wenn das keine gute Nachricht ist?"

Als wäre es möglich gewesen, verlor Karline noch mehr Farbe. Der Großvater begann zu husten.

„Aber ein Problem gibt es dennoch", fuhr Greg fort. „Die Leiche ist verschwunden."

„Und ... was ... habe ich damit zu tun?", stotterte Karline.

„Nichts", sagte Greg. „Überhaupt nichts. Denn es gibt keine Leiche. Allerdings sind wir auf drei Flugtickets gestoßen. Ausgestellt auf Sie und Ihre Großeltern. Stuttgart – Santo Domingo, Dominikanische Republik, Abflug am 15.06.2015. Das war doch der Termin, zu dem Sie fliegen wollten? Bis dahin müsste auch die Lebensversicherung bezahlt haben ..."

„Das ist alles deine Schuld", schrie Karline ihren Großvater an. „Alles nur wegen deiner bescheuerten Idee. Du hättest mir das Geld auch so geben können. Ihr habt doch genug."

„Es war übrigens sehr raffiniert von Ihnen beiden, die Spur

auf Alexander Becker zu legen. Trotz ihrer Skurrilität sind wir ihr ein paar Tage gefolgt. Nach Feierabend sozusagen. Einen konkreten Anlass für Ermittlungen gab es ja nicht. Aber wie sie sehen, hat mich mein Bauchgefühl nicht getrogen. Trotz aller Geheimnisse …"

„Jetzt brauche ich einen Anwalt", flüsterte Karline.

„Eine letzte Frage noch, Frau Bachmann: In welchem Hotel haben Sie Ihre Großmutter versteckt? Oder müssen wir das auch selbst herausfinden?"

Karline schluchzte auf, warf sich auf das Bett und drückte ihr Gesicht ins Kopfkissen.

Greg blickte aus dem Fenster. Am Baum vorbei auf die Stadt, die jetzt seine war. Er war in Karlsruhe angekommen.

Die Else

Else verpasste Herbert eine Kopfnuss. „Lässt du wohl die Pizza stehen!?"

Nein, es ging in seinem Leben nicht mehr rund. Nachdem Herbert es heute nicht geschafft hatte, den Schuh- und Schlüsseldienst in Linkenheim zu überfallen, hatte Else ihm kurzerhand die Zucchinipizza gestrichen. Else baute mit großer Leidenschaft Zucchini an. Es gab den ganzen Sommer hindurch Zucchiniblütensuppe, Zucchiniauflauf, Zucchinieintopf, gefüllte Zucchini, Zucchinisalat und vor allen Dingen Zucchinipizza. Herbert liebte Pizza leidenschaftlich, die Zucchini darauf allerdings weniger. Da er aber im Kochen und überhaupt allen Küchendingen sehr unbegabt war, musste er mit dem zufrieden sein, was Else ihm anbot.

Leider war Else da sehr eigen. Wenn Herbert ihre Wünsche nicht erfüllte, setzte es eine Strafe. In jungen Jahren hatte Else sich selbst verweigert, doch nachdem ihr immer faltiger und unförmig werdender Körper ohnehin nicht mehr Herberts Lust entfachte, verweigerte Else ihm das Essen. Für Herbert war das schlimm, selbst wenn es sich nur um Zucchinipizza handelte. Um seine kulinarische Situation zu verbessern, hatte er schon mehrfach versucht, Elses Zucchinipflanzungen heimlich zu vernichten. Doch diese verdammten Gewächse verhielten sich wie eine Hydra. Kaum hatte er eines ausgerissen, wuchsen am nächsten Tag zwei neue nach. Mit der Zeit resignierte er und war froh, wenn es zu den Zucchini noch etwas dazugab.

Herbert arbeitete als Hausmeister in großen Wohnanlagen. Sein Hausmeistergehalt besserte er ein wenig auf, indem er immer wieder mal etwas Heizöl abzapfte oder Glühbirnen für die Treppenhausbeleuchtung, Werkzeug, Wäscheleinen und Ähnliches mitgehen ließ. Sobald er der Meinung war, dass sein Dienstherr Argwohn schöpfen müsste, kündigte er aus persönlichen Gründen und heuerte bei der nächsten Immobilienfirma an. Inzwischen hatte er nicht nur Karlsruhe durch, sondern zog bei seiner Stellensuche spiralförmige Kreise immer weiter in das Umland hinaus. Nun arbeitete er in einer Großanlage in Linkenheim. Obwohl er seine kleinen Gaunereien durchführte, um seiner Else das eine oder andere zu kaufen, schimpfte sie immer mit ihm. Er und Else wohnten in Neureut und hatten auch dort den Schrebergarten, wo die schrecklichen Zucchini maßlos wucherten, ganz im Gegensatz zu den Johannisbeeren, die Herbert so liebte.

Nun verlangte Else von ihm nicht nur, dass er wieder im Stadtgebiet arbeiten solle, sie verlangte von ihm mehr, als er ihr zu geben vermochte. Deshalb musste Herbert sein Repertoire als Gauner erweitern. Darin war er aber nicht gut, sodass er, wie auch heute, immer öfter auf ein anständiges Essen verzichten musste.

„Du bist so doof! Was ist so schwer daran, ein Paar Schuhe zu klauen?"

„Dann mach's doch selber!"

„Du bist doch der Handwerker! Du kennst dich mit Schlüsseln und Handwerkszeug aus. Außerdem wärst du ohne mich nichts, wirklich überhaupt nichts! Du hättest nie mitgekriegt, dass gestern eine Frau dort Schuhe mit roten Sohlen abgegeben hat, wenn ich es dir nicht gesagt hätte."

„Woher weißt du überhaupt, dass das so wertvolle Schuhe sein sollen?"

„Das kam neulich im Fernsehen. Die Victoria Beckham hatte welche an und die Reporterin hat gesagt, dass die sauteuer wären. Da bringt dann schon einmal jemand solche Schuhe in Linkenheim zum Schuster, und du versemmelst es."

„Gib mir wenigstens ein kleines Stück Pizza. Ich habe mich schließlich angestrengt."

„Nein!"

Resigniert stand Herbert auf.

„Wo gehst du hin?"

„Steig mir in den Sack!" Herbert zog seine Jacke, den Filzhut und seine Straßenschuhe an und schleppte sich zur Kneipe in der Nähe des Bärenwegs.

„Na Herbert, Flüssignahrung wie immer?", begrüßte ihn der Wirt.

Herbert tippte sich mit zwei Fingern der rechten Hand an die Schläfe. Während er seinen Hunger mit Bier stillte, dachte er darüber nach, dass er eigentlich einen Bruch bei einer Brauerei versuchen sollte. Ihm zumindest würde die Beute viel mehr Spaß machen als so ein Paar alberne Schuhe mit roten Sohlen. Rote Sohlen! Wer kam überhaupt auf so eine doofe Idee? Sohlen waren seit jeher schwarz! Wieso machte er überhaupt diese ganzen Sachen für Else? Ihr war nicht begreiflich zu machen, dass es heutzutage mit den ganzen Überwachungskameras und Handys gerade für ihn übermäßig riskant war, sich illegal zu verhalten.

Herbert war ziemlich klein, dafür aber besonders breit. Außerdem behaupteten alle Leute, dass er watschele wie eine müde Ente, was Herbert ganz besonders kränkend und zudem unzutreffend fand, außer wenn er schnell laufen musste. Aber dann merkte er es auch selber. Bei seiner Statur und seinem Gang war er ein gefundenes Fressen für jede Art von Kamera, nur wollte Else das nicht einsehen.

Die ersten anderthalb Bier trank Herbert schnell, aber dann hielt er sich an dem restlichen Glas fest, bis der Wirt ihn heimschickte. „Herbert, geh jetzt. Du weißt ja, wie deine Alte reagiert, wenn du zur Tagesschau nicht da bist."

Betrübt rutschte Herbert vom Stuhl, zog seine Jacke an und lief wieder nach Hause. Eigentlich interessierte ihn die Tagesschau nicht, außer es hatte wieder irgendwo ein spektakuläres Unglück gegeben. Seine Aufmerksamkeit erwachte erst, wenn es um den Sport ging, genauer um den Fußball und noch genauer um den KSC. Das Wetter war auch immer ganz interessant. Wenn dann keine Volksmusik kam, erlaubte Else, dass er einen Krimi guckte, in dessen Verlauf er immer einschlief. Sobald es dann Schlafenszeit wurde, haute Else ihm unsanft auf die Wange und scheuchte ihn ins Bett.

So war eben sein Leben. Tagsüber Rasen mähen, Heizungen warten, Hausordnung durchsetzen oder es zumindest versuchen, Mülltonnen bereitstellen und eben hier und da etwas mitgehen lassen. Ehrgeiz hatte Herbert nicht mehr, außer im letzten Punkt. Der Coup. Das ganz große Ding. Beim Juwelier. Oder in der Bank. Oder auch in der Apotheke. Etwas, womit Else für immer zufrieden sein würde und ihn fortan mit ihrem Gemecker, ihren Kopfnüssen und ihren Zucchini verschonen würde.

Als er sich mal wieder nicht getraut hatte, einen Raub nach Elses Vorgaben auszuführen, aß sie beide Portionen Schäufele mit Kartoffeln und ließ ihm nur eine halbe eingelegte Zucchini übrig. Sobald er dann in der Kneipe mit hochgezogenen Schultern und gekreuzten Armen vorm Bier saß, fragte ein neuer Gast den Wirt: „Was ist denn das für ein komischer Vogel?"

„Herbert. Ein armes Schwein. Hat eine böse Frau."

Viertel vor acht wollte der Wirt ihn wieder heimschicken, doch Herbert gingen die Worte von der bösen Frau nicht aus dem Kopf und er blieb einfach sitzen. Er würde es Else jetzt zeigen!

Diese kam Viertel nach acht hereingestürmt, haute Herbert ihre Handtasche um die Ohren und versuchte, ihn vom Stuhl zu zerren. Herbert widersetzte sich. Zum ersten Mal in seinem Leben. Als seine Frau auf ihn einschlug, drohte der Wirt ihr mit der Polizei, während der unbekannte Gast meinte: „Boah, wenn ich so eine Schreckschraube zu Hause hätte, würde ich sie töten!"

Während Else aufgelöst wieder ging, bestellte Herbert sich zum ersten Mal ein Wurstbrot und dachte über die Worte des unbekannten Gastes nach. Nachdem er gierig sein Wurstbrot verzehrt hatte, nahm er sein Bier und setzte sich neben den Unbekannten an den Tresen.

„Und wie soll ich das machen?" Er blickte den Unbekannten an.

„Was machen?"

„Na, meine Alte töten."

„Ach so. Ist eigentlich ganz einfach."

Dem Bier folgten weitere, dazu gab's Schnaps und Brüderschaft. Willi hieß der Mann, der Herbert helfen wollte, sein Problem zu beseitigen.

Nun wartete Herbert nicht mehr, bis Else ihn mit ihren Zucchini oder ihrer Meckerei aus der Wohnung vertrieb, sondern er ging, nachdem er sich kurz ausgeruht hatte.

In der Kneipe zog er mit Willi vom Tresen in eine dunkle Ecke, wo die beiden konspirative Gespräche führten.

„Du könntest mit deiner Alten auf den Turmberg gehen und sie runterwerfen."

„Ha ha", kam es verächtlich aus Herberts Ecke.

„Wieso?"

„Wie soll ich das denn machen? Da gucken doch viel zu viele Leute zu!"

„Nachts."

„Da fährt die Bahn doch nicht hoch."

„Scheiße, ja." Willi dachte nach. „Autobahnbrücke."

„Da guckt doch auch jeder. Außerdem kann ich doch nicht einfach auf der Brücke halten."

„Doch, nachts."

„Und wenn dann die Bullen kommen, oder der ADAC?"

So saßen sie Abend für Abend da, fachsimpelten und verwarfen Tötungsmethoden.

„Herbert, jetzt geh doch nicht gleich wieder. Bleib doch hier", flehte Else ihn an.

„Nein."

„Warum nicht?"

„In der Kneipe gibt es keine Zucchini."

„Und wenn ich dir ein Wurstbrot ohne Zucchini mache?"

„Das machst du doch im Leben nicht!" Herbert nahm seinen Filzhut und ging.

Am nächsten Tag gab es Leberwurstbrot mit Radieschen. Herbert aß es mit gutem Appetit, ging aber dennoch in die Kneipe, weil er Willi treffen wollte.

„Bring doch einfach mal den Willi mit, ich mache auch extra für ihn mein bestes Schäufele", schlug Else eines Tages vor. Das Schäufele war ausgesprochen lecker, aber nochmals würde Herbert Willi nicht mitbringen, denn man konnte schlecht über Methoden zu Elses Tötung diskutieren, während sie dabeisaß. Eigentlich hatten sie sonst wenig Gesprächsthemen, da Herbert sich für den KSC interessierte und Willi für Formel 1.

Nach einem weiteren Streit wollte Else beweisen, wie einfach das Klauen war, wurde aber gleich beim ersten Mal erwischt, als sie versuchte, Geschirrtücher zu entwenden. Das machte sie ziemlich kleinlaut und sie beschloss, die Familienkasse durch ehrliche Arbeit aufzubessern. Der Job in der Bäckerei machte ihr Spaß und es gab immer wieder mal Gelegenheit, belegte Brötchen mitgehen zu lassen.

„Wir könnten sie im Rhein ertränken."

„Ja. Oder vor den Zug werfen. In Durlach zum Beispiel."

„Oder in Ettlingen."

„Ich weiß nicht, ob das in Ettlingen gut geht."

„Ihr seid echt ein Paar Knalltüten", sagte der Wirt schmunzelnd, als er neues Bier brachte.

Dann verletzte Herbert sich die Hand an der Kreissäge und musste für eine Weile ins Krankenhaus. Das war langweilig und er hatte viel Zeit, nachzudenken. Also überdachte er sein Leben. Er dachte über seine Arbeit, seine Else und seinen Freund Willi nach.

Ohne Herbert fehlte Willi auch etwas und jetzt erst merkte er, wie sehr er die Arbeit an den Mordplänen in der Wirtschaft liebgewonnen hatte. Er zog wahllos durch Kneipen. Ohne Herbert war es nicht dasselbe.

Eines Abends, als er in der Innenstadt gewesen war, stürzte er wütend und betrunken aus der Kneipe. Eine einigermaßen hübsche Frau war an seinen Tisch gekommen und hatte darauf bestanden, die teuersten Getränke des Hauses zu bestellen. Als jedoch Willi nach ihrer Hand greifen wollte, die mit zahlreichen Ringen und Fingernägeln mit Landschaften dekoriert war, hatte sie ihn dermaßen gedemütigt, dass er vor Schmerz, Hass und Rache nicht wusste, wohin. Außer sich vor Wut torkelte er zur Stadtbahn, da er immerhin genug Verstand besaß, sein Auto stehen zu lassen. An der Haltestelle stand auch Else mit einer riesigen Einkaufstüte, obwohl anständige Frauen um die Zeit zu Hause sein sollten.

„Else, was machst du denn hier?"

Else verzog das Gesicht. „Mensch, Willi, du bist doch total besoffen!"

Da nahte schon die Stadtbahn nach Neureut. Einer plötzlichen Eingebung folgend, zog Willi sie am Arm an den Rand einer Baugrube.

„Lass mich, Willi. Ich muss die Bahn nehmen."

„Du musst nur schnell was gucken. Das hat mit Herbert zu tun."

In ihrer Neugier konnte Else nicht an sich halten. Die Bahn fuhr ab, die Haltestelle blieb verwaist zurück. Neben der Haltestelle klaffte ein Loch für die neue U-Bahn. An einer Stelle war die Absperrung entfernt und Flatterband sollte die Fußgänger fernhalten. Davor parkte ein Bagger, der den riesigen davorstehenden Haufen Sand und Splitt in die Grube füllen sollte.

„Komm, Else. Guck mal hier rein."

„Ich glaub, du spinnst! Was soll da sein?"

„Guck mal ganz vorne an den Rand."

Else beugte sich vor. Willi gab ihr einen kräftigen Schubs. So kräftig, dass das Flatterband zerriss und Else in die Grube stürzte. Bewegungslos blieb sie liegen. Das war gut! Behände stürzte er an das aufgehäufte Füllmaterial und schaufelte blitzschnell mit beiden Armen so viel Sand und Steine auf Else, dass sie bald bedeckt war. Er schaufelte eifrig weiter.

„Mann, was machst du für einen Scheiß", sprach ihn ein Passant an. „Bist ja völlig besoffen. Hör auf mit dem Mist. Die sperren das doch extra ab, damit keiner da rumspielt. Pass nur auf, sonst fliegst du rein."

Willi klopfte sich den Staub von der Hose, suchte unter den argwöhnischen Augen des Passanten die zerrissenen Enden des Flatterbandes und verknotete sie mehr schlecht als recht.

„Und jetzt geh, sonst hol ich die Polizei", meinte der Passant.

Willi ging, denn die Polizei konnte er wahrhaftig nicht gebrauchen. Nach einer Viertelstunde kam er wieder zurück, um zu schauen, ob der Sandhaufen in der Grube sich bewegte. Aber in der Grube herrschte Reglosigkeit. Er machte sich auf den Heimweg. In dieser Nacht schlief er schlecht.

Am nächsten Morgen schwänzte er die Arbeit. Wegen seines Katers und weil er in die Kaiserstraße musste, um nach der Baustelle zu sehen. Der Anblick entzückte ihn. Der Bagger hatte schon mindestens einen Meter hoch Füllmaterial auf Else gegeben. Alles war ganz entspannt. Keiner ahnte was. Das Problem war erledigt! Willi ging in die nächste Kneipe und gönnte sich gleich ein paar Schnäpse. Sie würden gegen den Kater helfen. Außerdem beglückwünschte er sich. Er war nicht nur ein Mann der Tat, sondern ein großartiger Freund. Zusammen mit Herbert könnte er nun in eine rosige Zukunft schauen. Was würde Herbert sich freuen!

„Ist die Else nicht mitgekommen?" Die Frage erstaunte Willi, als er Herbert aus dem Krankenhaus abholte. „Hat sie irgendwas? Ich habe mich sowieso schon gewundert, dass sie in den letzten Tagen nicht zu Besuch gekommen ist", setzte Herbert nach.

„Die Else ist in der U-Bahn." Willi zwinkerte neckisch.

„In der U-Bahn? Die ist doch noch gar nicht fertig."

„Aber die Else."

„Wie meinst du das?"

Willi fühlte sich kurz etwas unsicher. „Komm, wir steigen erst mal ins Auto ein. Das muss nicht jeder mithören."

Sie stiegen ein und Willi schnallte Herbert an, der seine rechte Hand noch nicht richtig gebrauchen konnte.

„Ja, also irgendwie freue ich mich auf die Else", fing Herbert an. „Weißt du, Willi, im Krankenhaus habe ich ja viel Zeit zum Nachdenken gehabt. Und, „ich weiß auch nicht, aber was ich an der Else nicht mochte, das war eigentlich gar nicht so schlimm. Außerdem hat sie mir schon lange keine Kopfnüsse mehr verpasst, und Zucchini hat sie, glaube ich, dieses Jahr gar nicht angebaut."

Es entstand kurz ein eisiges Schweigen. Dann überschlug sich Willis Stimme: „Verdammt, Herbert! Diese Frau hat dich geschlagen! Der Wirt wollte die Polizei holen. Wer weiß, was sie gemacht hätte, wenn wir nicht dabei gewesen wären!"

„Trotzdem. Im Grunde ist sie kein schlechter Mensch. Außerdem sind wir schon 35 Jahre verheiratet. Da gewöhnt man sich einfach an einen Menschen, auch wenn er mal nicht nett zu einem ist. Ich war ja auch nicht immer nett zu ihr. Und eigentlich wollte ich dich bitten, dass wir mit diesem dämlichen Spiel aufhören, wie wir sie umbringen. Das hat sie nicht verdient, trotz allem."

„Spiel? Wieso Spiel? Für mich hörte sich das alles immer ganz ernst an." Willi krampfte seine Hände am Lenkrad fest.

„Ich weiß, ja, ja. Aber im Grunde ist es albern. Deswegen will ich ja, dass wir damit aufhören."

Es entstand eine längere Stille, lediglich gestört durch Willis hektischen Atem. Dann knallte Willi mit dem Kopf auf das Lenkrad.

„Wir werden nie mehr darüber reden, wie wir die Else umbringen", brachte er gepresst hervor, während ihm die Tränen aus den Augen schossen.

„Gut. Aber das ist doch kein Grund zu weinen."

„Doch! Scheiße, Scheiße, Scheiße!" Willi hämmerte mit seinem Kopf auf das Lenkrad.

„Spinnst du jetzt?"

„Mensch Herbert! Jetzt haben wir fast ein Jahr mindestens dreimal die Woche Mordpläne geschmiedet. Und du hast immer eifrig mitgemacht und dich an den Details aufgegeilt."

„Und wegen so was rastest du aus?"

Willi konnte nicht aufhören, mit dem Kopf auf das Steuerrad zu hauen, während er Rotz und Wasser heulte. Herbert fühlte sich zunehmend unwohler. Irgendwas stimmte nicht.

„Willi! Was ist los?"

Willi zog geräuschvoll hoch. „Du bist mein Freund. Mein bester Freund. Alles, was ich getan habe, habe ich nur für dich getan."

Panik machte sich in Herbert breit, während er mit zitternder Stimme fragte: „Was hast du getan?"

„Ja, also ... also ..." Willi zog abermals geräuschvoll hoch.

„Also was?"

„Also ... also die Else lebt nicht mehr."

Die Welt blieb stehen, die Worte sickerten mit unerhörter Langsamkeit in Herberts Bewusstsein. Danach folgte eine unerträgliche Stille.

„Was hast du gemacht?"

„Mensch Herbert, das versuche ich doch die ganze Zeit, dir zu erklären. Du bist mein bester Freund. Und du wolltest deine Frau töten. Du warst besessen von dem Gedanken."

„Ich verstehe nicht. Gedanken können doch nicht töten!"

Herbert brach in Tränen aus. „Bring mich zu meiner Else. Ich möchte sie unbedingt sehen."

„Ich kann dich nicht hinbringen."

„Warum nicht? Wo ist sie?" Herberts Stimme klang panisch. „Irgendwo muss sie doch sein! Bring mich hin!"

Willis Gedanken liefen Amok. Das war ja Wahnsinn, wie der Herbert sich aufführte. Er tat glatt so, als würde er Else lieben, die lag aber festgewalzt mindestens drei Meter tief unter der Kaiserstraße. Herbert würde durchdrehen! Am Ende würde er sich nicht damit abfinden, dass Else direkt unter der Straße lag und ihn verpfeifen. So gründlich war ihm noch nie im Leben etwas schief gelaufen! Er fuhr los. Sein Kopf war leer. Er fuhr die ganze Zeit einfach nur geradeaus.

„Wo fährst du hin?"

Gute Frage. Er hatte keinen Plan und fuhr zum Rhein runter, weil es sich so ergab.

„Liegt die Else im Wasser?", bohrte Herbert nach.

„Nein, nein."

„Warum fährst du dann an den Rhein? Hast du Hoffnung, dass die Else irgendwie überlebt hat?"

„Ach Mensch, Herbert, halt doch einfach mal die Klappe!"

Herbert gab einen Urlaut von sich, dann war er still. Willi schwitzte aus allen Poren und öffnete die Seitenfenster.

„Was ist nun? Gehen wir zur Else?"

„Ja, Herbert, wir gehen zu ihr."

Soweit Willi sehen konnte, war am Rhein niemand unterwegs. Er gab Gas, dass die Reifen quietschten.

„Spinnst du?", ereiferte sich Herbert, aber das war Willi egal. Nachdem er maximal beschleunigt hatte, riss er das Lenkrad nach links. Der Wagen hoppelte rasant über den Uferstreifen und stob über den Kies, bevor er mit Schwung in das Wasser platschte. In wenigen Minuten würden Herbert und er bei der Else sein.

KATHRIN POHL

IM BANNKREIS

Kriminaloberkommissar Martens hatte bereits ein komisches Gefühl, als er erfuhr, wo der Tote gefunden worden war: In der Bannmeile des Verfassungsgerichts, genauer gesagt, des befriedeten Bezirks, wie das in Amtsdeutsch hieß. Dieses Gefühl verstärkte sich, als er die scharlachrote Robe sah, die kunstvoll über die Leiche drapiert worden war. Nachdem er das Barett weggezogen hatte, das nicht nur das Einschussloch in der Stirn des Opfers, sondern auch dessen Gesicht verdeckt hatte, blieb er auf seinen Fersen sitzen, ließ die Luft aus seinen Lungen zischend entweichen und sagte: „Holen Sie Kriminaldirektor Wolff."

„Der feiert doch heute seinen 35. Hochzeitstag in den Badischen Weinstuben", sagte Kriminalkommissar Paulus und stapfte wie ein Storch über den gewitterregennassen Rasen zu Martens hinüber.

„Dann ist er ja quasi schon vor Ort." Quer durch den Park würde Wolff keine fünf Minuten brauchen.

„Aber seine Frau hat gedroht, ihn die nächsten Wochen auf der Couch schlafen zu lassen, wenn er die Feier versäumt."

„Ich fürchte, damit wird er leben müssen."

Kriminaldirektor Wolff teilte Martens Meinung, sobald er erfuhr, wer die Leiche war. Aber da war es schon zu spät. Das Gerücht über die Identität des ermordeten Verfassungsrichters hatte sich unter den beteiligten Polizisten und Rettungssanitätern wie ein Lauffeuer verbreitet, bis zu den Journalisten jenseits des Absperrbandes hin, die nur kurz nach Martens am Tatort eingetroffen waren. Das Abhören von Polizeifunk mochte verboten sein, aber allzu viele Journalisten hielten sich nicht daran – für die Hoffnung auf eine sensationelle Story setzten sie ihre Freiheit aufs Spiel. Und wenn es eine Story gab, für die sich das lohnte, dann diese hier.

„45er?", fragte Kriminaldirektor Wolff.

Martens hob das Tütchen mit der im Gras gefundenen Patrone empor. „Da weder Sie noch jemand anders den Schuss gehört haben, war das anzunehmen gewesen." Und es bescherte ihnen einen eindeutigen Mordfall. Denn einen Schalldämpfer, für den die 45er immer noch die Waffe erster Wahl war, pflegte man selten im Affekt auf einen zufällig mitgeführten Revolver zu schrauben.

„Das ist nicht gut", sagte Wolff düster. „Gar nicht gut."

Wie stets versuchte ihnen die Boulevardzeitung ihre Arbeit zu erleichtern, indem sie am nächsten Morgen einen dringend Tatverdächtigen präsentierte. Genauer gesagt waren es dieses Mal 631, denn so viele Mitglieder hatte der Deutsche Bundestag. Und sie alle hatten unter der Führung von Bundestagspräsident Helmut Krapphorst für die Präsidentenanklage gestimmt, die einzige Möglichkeit, wie Bundespräsident Hans-Peter Sarger nach seiner mehrfachen Weigerung freiwillig zurückzutreten seines Amtes enthoben werden konnte.

Heute hatte die Entscheidung des Verfassungsgerichts fallen sollen. Und gestern Abend war Georg Riegmann erschossen worden, der Verfassungsrichter, bei dem man aufgrund seiner gemeinsamen Vergangenheit mit Sarger in einer Burschenschaft davon ausgegangen war, dass er noch am ehesten für den Bundespräsidenten stimmen würde.

„MORD AN VERFASSUNGSRICHTER", zitierte Kriminaldirektor Wolff die in überdeutlichem Rot stehende Überschrift. „SCHICKTE DER BUNDESTAG EINEN AUFTRAGSKILLER, UM SARGER VON SEINEM RECHTMÄSSIGEN PLATZ ZU VERTREIBEN?" Er knallte die Zeitung auf Martens Tisch.

„Ist das dieselbe Zeitung, die noch vor einer Woche geschrieben hatte: ‚FEST WIE PATEX. TROTZ OFFENSICHTLICHER VERFEHLUNGEN BLEIBT SARGER AUF SEINEM STUHL KLEBEN?'", fragte Martens amüsiert.

„Martens!" Wolff schnappte nach der Zeitung und zog sie Martens über den Kopf.

Martens ließ das jungenhafte Grinsen von seinem Gesicht verschwinden und räusperte sich. „Tschuldigung, Chef. Der Umschwung in der Presse ist nur bemerkenswert."

„Und nicht Gegenstand unserer Ermittlungen."

„Nein, Chef. Wie war die Nacht?"

„Auch das ist nicht Gegenstand unserer Ermittlungen. Haben Sie irgendetwas zu diesem Gespräch beizutragen, was mit dem Fall zu tun hat?"

Offensichtlich also furchtbar. Nur eine schlechte Nacht ließ Wolffs Laune so stark sinken, dass noch nicht einmal ein frischer Mordfall sie zu heben vermochte.

„Hier", sagte Martens, schob die Zeitung, die Wolff inzwischen wieder auf seinen Schreibtisch hatte fallen lassen zur Seite, und reichte ihm den darunter liegenden Steckbrief.

„Hendrik Larsson", las Wolff, „nach Morden in Schweden, Finnland und Norwegen von Interpol gesucht. Hört sich nach genau dem Auftragskiller an, den die Presse sucht."

„Und wir vielleicht auch", sagte Martens. „Gestern Abend wurde er von der festinstallierten Radaranlage in der Kriegsstraße geblitzt."

„Wann?"

„Halb zehn."

„Genau in unserem Zeitfenster. Und keine zwei Kilometer vom Tatort entfernt. Haben Sie eine Fahndung nach dem Mann ausschreiben lassen?"

Martens nickte. „Zusätzlich ging sein Foto an die Presse, und die umliegenden Flughäfen sind auch informiert. Außerdem liegen erste Ergebnisse der Spurensicherung vor."

„Irgendetwas Interessantes zu den DNA-Spuren?"

„Nur zu der Robe."

„Der Robe?" Wolff massierte seine Stirn und riss danach mit sichtlicher Anstrengung seine Augen ein wenig weiter auf. Martens hatte Erbarmen mit seinem Chef und warf ihm eine Schmerztablette aus seiner Schreibtischschublade zu.

„Es ist nicht seine, und auch nicht die eines der anderen Richter. Es ist ein Karnevalskostüm."

Ein fasziniertes Lächeln erschien auf Wolffs Gesicht. „Dann

war das also tatsächlich ein bewusstes Arrangement, wie der Fund der Leiche ja schon angedeutet hat. Aber warum? War es die Tat eines Irren, der sich über die Funktion des Verfassungsgerichts lustig machen wollte, indem er die Leiche des Richters mit einem Karnevalskostüm bedeckte?"

„Oder aber es war jemand, dem wichtig war, dass das Opfer sofort identifiziert wurde."

„Bevor heute das Verfassungsgericht zusammentritt?" Anscheinend genügte es Wolff, die Schmerztablette in der Hand zu halten, damit er zu seiner normalen Hochform zurückkehrte. „Wenn Riegmann aus unbekannten Gründen nicht erschienen wäre, wäre er vermutlich durch einen der Richter des 1. Senats ersetzt worden."

„Falls überhaupt", warf Martens ein. Schließlich galt ein Senat des Verfassungsgerichts auch mit nur sechs statt acht Richtern als beschlussfähig.

„Bei diesem Fall?" Wolff schüttelte den Kopf, woraufhin er schmerzlich zusammenzuckte, bevor er fortfuhr: „Man wird sich überkorrekt verhalten, damit nicht der Schatten eines Zweifels auf das Urteil fällt. Nun, wo man weiß, dass Riegmann tot ist, wird man die Sitzung vertagen, eventuell sogar solange, dass genug Zeit bleibt, einen neuen Richter zu wählen."

„Und diesen wählt der Deutsche Bundestag", sagte Martens düster.

Da die Kriminalpolizei anders als eine Boulevardzeitung Beweise, Motive und Gelegenheiten brauchte, bevor sie sich auf einen Verdächtigen festlegte, begab sich Martens auf die mühselige Suche danach. Einen ersten Hinweis lieferte Wolfgang Linthner, der Präsident des Verfassungsgerichts. Er berichtete, dass Riegmann gestern Abend um kurz nach sechs in sein Büro kam, und darum bat, durch einen Richter des 1. Senats ersetzt zu werden.

Den Grund dafür erfuhr Martens in einem Gespräch mit der Witwe, Elke Riegmann.

„Hans-Peter Sarger war vorgestern Abend bei uns", erzählte

sie.

„Der Bundespräsident?" Vor Überraschung hätte Martens sich beinahe neben den Stuhl gesetzt, den sie ihm angeboten hatte. Aber was wunderte er sich eigentlich darüber? Jemand, der ein Gesetz zur Bankenregulierung zurückwies und erst in abgemilderter Form unterschrieb, wodurch unter anderem auch die Bank profitierte, in der er verbotenerweise als Aufsichtsrat saß, würde auch nicht davor zurückschrecken, einen der Richter, die an dem Prozess gegen ihn beteiligt waren, in seinem Sinne zu beeinflussen.

„Glauben Sie alles, was die Medien über ihn schreiben", sagte Elke Riegmann bitter. „Sarger ist ein selbstsüchtiger, machtbesessener Mann mit einer fatalen Ausstrahlung, die einen dazu bringt, fast jeden seiner Fehler zu entschuldigen. Nur hat er sich mit seinem Besuch bei uns selbst sein Grab gegraben. Denn er kam nicht alleine, sondern mit seinem Scheckheft als Begleitung."

Martens Augen begannen zu glitzern. Er war nicht zuletzt deshalb Kriminalpolizist geworden, da dies ihm ungeniert die Möglichkeit dazu gab, im Privatleben anderer Menschen herumzuschnüffeln – und das hier war ein Geheimnis, für das jede Dorfklatschbase das Kissen gegeben hätte, auf das sie ihre Ellbogen beim Herauslehnen aus dem Fenster zu stützen pflegte.

„Wie hat Ihr Mann auf diesen Bestechungsversuch reagiert?"

Elke Riegmann lachte traurig. „Wie wohl? Er warf Sarger mitsamt seines Scheckheftes hinaus. Ja, Georgs Ehrgefühl ging sogar so weit, dass er beschloss, sich durch einen Richter des 1. Senats ersetzen zu lassen, da er durch Sargers Bestechungsversuch so empört war, dass er fürchtete, dies würde sein Urteilsvermögen beeinträchtigen – so als könnte irgendeiner der Richter bei einer dermaßen offensichtlichen Faktenlage zu einem Freispruch kommen!"

„Wusste jemand außer Ihnen davon? Hat er vielleicht mit einem Nachbarn oder einem Richterkollegen darüber gesprochen?"

Elke Riegmann warf ihm einen indignierten Blick zu.

„Kommissar Martens, mein Mann war ein Ehrenmann. Sogar Linthner gegenüber wollte er nur behaupteten, dass er mit dem Druck der Presse nicht umgehen könne."

Das Gespräch mit Linthner führte er jedoch erst am Abend. Zeit genug für Riegmann, um unter seinen Richterkollegen nachzuforschen, ob einer von ihnen ein ähnlich unmoralisches Angebot von Sarger erhalten hatte. Schließlich brauchte Sarger mindestens drei Richter, um seine Verurteilung, für die eine Zweidrittel-Mehrheit notwendig war, zu verhindern.

„Verstehe ich das richtig?", fragte Wolff, als Martens ihm am nächsten Morgen seine Überlegungen präsentierte. „Sie glauben, dass Riegmann herausgefunden hat, dass sich einer der anderen Verfassungsrichter von Sarger hat bestechen lassen? Anstatt dies jedoch sogleich zu melden, wollte Riegmann diesem die Gelegenheit geben, sich selbst zu stellen."

Martens nickte eifrig. „Riegmann war ein Ehrenmann."

„Ihr ominöser Verdächtiger hat dann jedoch lieber Riegmann erschossen."

„Schließlich wäre seine Karriere sonst beendet gewesen." Martens tippte mit dem Finger auf drei ausgedruckte Standbilder der Überwachungskamera. „Diese drei Verfassungsrichter haben das Bundesverfassungsgericht kurz vor Riegmann verlassen. Jeder von ihnen kann der Täter sein. Wenn wir einen Durchsuchungsbeschluss beantragen, könnten wir vielleicht die Tatwaf..."

„Sind Sie von allen guten Geistern verlassen?", fragte Wolff, so gefährlich freundlich, dass Martens automatisch einen Schritt zurückwich. „Sie können doch nicht einfach einen Verfassungsrichter der Bestechlichkeit bezichtigen, ohne Beweise dafür zu haben!"

„Aber die Hausdurchsuchung..."

„Wird es nicht geben! Was ist mit der Robe?"

„Meine Mitarbeiter sind dran."

„Dann sorgen Sie da mal für Ergebnisse. Dieser Fall ist ein Pulverfass. Ich will nicht dafür verantwortlich sein, wenn es hochgeht."

Sie konnten nur darauf hoffen, dass das Medieninteresse daran etwas abflauen würde, sobald der Prozess gegen Sarger beendet war. Gestern hatte der Bundestag in nie zuvor erlebter Schnelligkeit einen neuen Verfassungsrichter gewählt – ein Skandal in den Augen der Presse.

Martens war nahe daran, dies ähnlich zu sehen, aber noch hatte er nur eine Robe. Schließlich fand er den Besitzer eines Kostümladens in der Kaiserstraße, der nicht nur die Robe anhand eines Webfehlers am unteren rechten Saum eindeutig als von ihm verkaufte identifizierte, sondern auch tatsächlich Hendrik Larsson als Käufer.

Auch weiterhin war ihnen das Glück hold. Denn ungefähr zu demselben Zeitpunkt, als Sarger durch den Schuldspruch des Gerichts seines Amtes als Bundespräsident enthoben wurde, wurde Hendrik Larsson von dem überraschend effektiven Sicherheitsdienst der Stena Germanica festgenommen, als er sich in Kiel an Bord der Fähre nach Schweden begeben wollte.

Kriminaldirektor Wolff ließ es sich nicht nehmen, Larsson persönlich zu vernehmen. „Dumm gelaufen", grüßte Wolff Larsson, als er mit Martens an seiner Seite den Vernehmungsraum betrat.

„Was genau?" Larsson setzte das entspannte Grinsen eines Mannes auf, der es gewohnt war, sich aus jeder noch so ausweglos erscheinenden Situation hinauszumanövrieren. Aber auch dafür war Wolff heute nicht in der Stimmung.

Er knallte seine Akten auf den Tisch, pflanzte seine Hände daneben auf, beugte sich vor und brüllte: „Die Schmauchspuren an ihrer rechten Hand, das Blut des Opfers an ihren Hemdsaufschlägen, ihre DNA auf der Robe! Dabei sollte man von einem Auftragsmörder doch ein gewisses Maß an Professionalität erwarten können!"

Hinter der Wand von Wolffs massivem Oberkörper beugte Larsson sich zu Martens hinüber. „Ist der immer so schlecht drauf?"

„Nur heute", sagte Martens.

„Und ich kann noch ganz anders!", brüllte Wolff weiter.

„Wollen Sie gleich gestehen, oder muss ich erst richtig laut werden?!"

Grinsend hob Larsson die Hände. „Ich gebe ja schon auf. Was bekomme ich, wenn ich Ihnen meinen Auftraggeber nenne?"

Wolff warf Martens einen triumphierenden Blick zu und sagte dann: „Was wollen Sie?"

„Fünf Jahre – höchstens – für das hier und diese Lappalien, wegen derer ich in Schweden, Finnland und Norwegen gesucht werde."

„Über das hier können wir reden", sagte Wolff, „über alles andere nicht. Das liegt nicht in unserem Zuständigkeitsbereich."

„Dann wird das wohl nichts werden."

Und dabei wäre es trotz aller folgenden Einschüchterungsversuche Wolffs geblieben, wenn nicht der Bundeskanzler höchstpersönlich von dem Angebot Larssons erfahren hätte. Da der Fall Riegmann genug politische Sprengkraft in sich trug, telefonierte der Bundeskanzler mit seinen skandinavischen Amtskollegen und erhielt von diesen nach unbekannt langer Überredungszeit und einer unbekannten Summe an Gefälligkeiten – die natürlich etwas ganz anderes als Bestechungsgelder waren – deren modifiziertes Einverständnis für den Deal mit Larsson.

„Sieben Jahre", sagte Wolff, als er Larsson das nächste Mal im Vernehmungsraum gegenüber saß. „Danach wären Sie ein freier Mann."

„Überall?"

„Überall."

„Kann ich das schriftlich haben?"

Wolff nickte Martens zu, dieser schob das Schriftstück über den Tisch, Larsson las und unterschrieb es.

„Es war Helmut Krapphorst", ließ er die Bombe platzen.

„Der Präsident des Bundestages?", fragte Martens entsetzt. Nicht so sehr, weil er es Krapphorst nicht zutrauen würde – seinen Glauben an die Menschheit hatte er schon lange verloren –, sondern deshalb, weil es einfach nicht sein durfte, dass die Boulevardzeitung mit ihrem ersten Pauschalverdacht richtig gelegen hatte.

„Er war derjenige, der die Präsidentenanklage initiiert hat", sagte Larsson. „Mit dem Spruch des Verfassungsgerichts stand und fiel auch seine eigene politische Karriere. Er konnte kein Risiko eingehen. Und knapper als sechs zu zwei hätte die Entscheidung nun wirklich nicht fallen dürfen, nicht wahr?"

„Riegmann hatte nicht vor, für Sarger zu stimmen", sagte Martens.

„Aber woher sollte Krapphorst das wissen?", gab Larsson zurück. „Schließlich ging ganz Deutschland vom Gegenteil aus. Sie wissen schon, wegen dieses Artikels, in dem davon erzählt wurde, wie dicke Riegmann und Sarger während ihrer gemeinsamen Zeit in der Burschenschaft gewesen waren. Sogar ein Zimmer sollen sie sich geteilt haben."

Natürlich leugnete Krapphorst alles, selbst dann noch, als E-Mails vom Vortag des Mords auf seinem Computer sichergestellt wurden, in denen die genauen Bedingungen für ein Arrangement zwischen ihm und Larsson besprochen wurden. Krapphorst konnte noch so oft behaupten, er wisse nicht, wie diese auf seinen Computer gekommen seien – die Fakten sprachen gegen ihn.

Damit war der Fall abgeschlossen. Eigentlich. Nur ließ irgendetwas daran Martens nicht los, mehr, als nur der gehässige Triumph der Boulevardzeitung. Noch einmal vertiefte er sich in die Fallakte, ging die Beweise erneut durch, und dann, weit nach Mitternacht, fand er auf dem noch ungeöffneten Überwachungsband der Schiffsreederei endlich etwas, was seinem Gefühl Recht gab.

Am nächsten Morgen zeigte er es seinem Chef, der mit unausstehlich guter Laune im Revier ankam. Offenbar hatte er seinen Platz im Ehebett zurückerobert. Wie genau, wollte noch nicht einmal Martens wissen.

Martens legte das Überwachungsband ein und ließ es anlaufen. „Sehen Sie genau hin. Hier geht Larsson zu den Zeitungen, und arrangiert die eine so, dass sein Fahndungsbild zu sehen ist." Er spulte weiter. „Hier greift jemand nach der Zeitung, und sofort steht Larsson auf und geht an ihm vorbei. Das wiederholt sich noch zweimal. Ohne Erfolg. Doch dann", er spulte erneut vor, „rempelt er diesen Mann an, der Mann sieht hoch, erkennt ihn, schreckt vor ihm zurück, eilt zu dem

Schalterbeamten, dieser erschrickt ebenfalls, ruft den Sicherheitsdienst, und dieser kommt nicht gerade unauffällig angerannt. Während der ganzen Zeit tut Larsson so, als habe er nichts davon mitbekommen, und lässt sich dann widerstandslos festnehmen."

„Es wäre nicht das erste Mal, dass jemand seine Karriere als Auftragsmörder mit einem guten Deal beenden wollte", sagte Wolff, und tätschelte Martens jovial die Schulter. „Der Fall ist abgeschlossen."

„Was aber, wenn nicht? Was, wenn Larsson nicht nur für den Mord bezahlt wurde, sondern auch dafür, sich erwischen zu lassen? Immerhin hat er für einen Auftragsmörder reichlich dilettantisch gearbeitet."

„Aber was hätte Krapphorst davon?"

„Krapphorst nichts", sagte Martens bedeutungsvoll.

Nachsichtig lächelte Wolff ihn an. „Haben Sie dafür irgendwelche Beweise?"

Martens schüttelte den Kopf. „Nichts als ein Gefühl."

Allein aufgrund dieses Gefühls reihte Martens sich am Wochenende in den Kreis an Bewunderern und Journalisten ein, die Sarger nach dessen Rede an der Hochschule Karlsruhe umschwärmten.

„Ich hätte einige Fragen an Sie", sagte Martens, als er endlich an der Reihe war.

„Aber selbstverständlich", sagte Sarger mit einem Lächeln. „Von welcher Zeitung kommen Sie?"

Martens zückte seinen Ausweis. „Kriminalpolizei Karlsruhe."

Sargers Lächeln kühlte merklich ab. „Wie Sie sehen, bin ich beschäftigt", sagte er, und gab dem nächsten Bewunderer ein Autogramm.

„Ziemlich gut sogar, wenn man bedenkt, dass Sie erst vor einer Woche ihres Amtes als Bundespräsident enthoben wurden", sagte Martens. „Was für ein glücklicher Zufall, dass sich das öffentliche Bild von Ihnen durch den Mord an Riegmann so drastisch gewendet hat."

„Niemand bedauert diesen Tod mehr als ich." Sarger lächelte

in eine der Kameras hinein, die auf ihn gerichtet waren. „Ich schätzte Riegmann als Mensch und als Freund. Und natürlich hoffte ich darauf, dass er für mich stimmen würde. Schließlich wäre ich dann heute noch Bundespräsident."

Eine Welle von Mitleidsbekundungen lief durch den Kreis seiner treuen Gefolgsleute.

„Er hätte nicht für sie gestimmt", fuhr Martens unbeirrt fort. „Mit noch so viel Geld in der Tasche ließ sich die Tatsache nicht leugnen, dass Sie Aufsichtsrat der Sonnenschein-Bank blieben, obgleich sie Bundespräsident wurden."

„Jedem Abgeordneten ist so etwas gestattet!", wiederholte einer der so jungen und leicht zu blendenden Studenten die undifferenzierte Argumentation der Boulevardpresse.

„Nur dem Bundespräsidenten ist es verboten, damit seine Unparteilichkeit außer Frage steht. Sie, Sarger, haben sich nicht daran gehalten und haben dadurch das Ihnen anvertraute Amt entehrt. Nur sind Sie nicht der Mensch, der einen Fehler eingesteht. Als es Ihnen nicht gelang, genügend Richter in Ihrem Sinne zu beeinflussen, verstanden Sie, dass Sie etwas anderes tun mussten, um nicht auf das gesellschaftliche Abstellgleis zu geraten. Wie viel Geld haben Sie Larsson dafür bezahlt, dass er sich gefangen nehmen ließ und Krapphorst einer Tat beschuldigte, für die Sie verantwortlich waren?"

„Wie können Sie es nur wagen?!", schrie irgendeiner von Sargers Anhängern auf.

„Bitte, bitte", sagte Sarger, mit einem beschwichtigenden Lächeln, das ebenso falsch war wie seine ganze Persönlichkeit. „Sie werden sich doch nicht über die Allmachtsphantasien eines kleinen Polizisten aufregen. Denn beweisen können Sie nichts davon, oder?"

„Noch nicht", sagte Martens.

„Das genügt mir als Antwort. Wenn Sie mich jetzt entschuldigen würden? Ich habe noch mit einigen Leuten zu sprechen, die wirklich etwas zu sagen haben."

Mit der weltmännischen Miene eines unschuldigen Mannes wandte Sarger sich von ihm ab und tauchte erneut in der Masse seiner Bewunderer unter. Nur einmal bröckelte seine Maske, als er einen kurzen, gehetzten Blick zu Martens warf, der neben dem Pult stehen geblieben war.

Ein befriedigtes Lächeln erschien auf Martens Gesicht. Damit hatte er alles, weswegen er heute hierher gekommen war. Denn nun wusste er, dass er mit seiner Vermutung richtig lag. Mochte Sarger sich ob seines so perfekt erscheinenden Verbrechens in Sicherheit wiegen – er war nur ein Mensch, und Menschen machten Fehler. Selbst solche, die so viel von sich hielten, wie Sarger es tat.

Und Martens würde diesen Fehler finden.

Irgendwann.

Prima Noctis

Als der Wecker um halb acht klingelte war Luise Zimmermann schon längst wach. Manch einer mochte ihre Vorfreude auf den heutigen Tag als morbide empfinden, doch Luise liebte ihren Beruf und das schwindende Interesse an Landesgeschichte und Denkmälern machte sie traurig. Seit sie das letzte Mal eine Führung in der fürstlichen Grabkapelle geleitet hatte, waren Monate vergangen. Ob dies an generellem Desinteresse oder an der Unlust der Lehrer an Exkursionen lag?

Wie auch immer, dies würde ein guter Tag werden!

Fröhlich saß sie auf ihrer kleinen Terrasse, einen duftenden Kaffee und zwei Croissants vor sich, und schaute auf ihren kleinen Garten. Schon jetzt war die Sonne angenehm warm und Luise genoss wie immer diese friedlichen Augenblicke am Morgen. Seit der Trennung von ihrem Mann nach fast 30 Jahren Ehe, hatte sie ihre Lebensfreude wieder entdeckt und eine tiefe Ruhe hatte sich in ihr ausgebreitet. Sie lebte gern allein und sie schwor sich jeden Morgen, dass dies auch so bleiben würde. Nie wieder würde sie sich für andere verbiegen und ihre eigenen Interessen und Wünsche zurückstellen.

Wenige Minuten später war Luise schon auf dem Weg in den Fasanengarten, mit dem Rad benötigte sie knapp zehn Minuten. Als sie bei der Kapelle ankam, die angestrahlt von der Morgensonne, zwischen hohen Bäumen aufragte, blieb sie voll Bewunderung stehen. Egal wie oft sie schon an diesem Ort gewesen war, die Faszination, die von diesem wunderschönen Bauwerk ausging, würde sie nie verlassen. Sie ging um das Gebäude herum zur hinteren Tür, die seit einigen Jahren Besuchern als Eingang diente. In einer halbe Stunde würde die Schulklasse hier sein. Vorher wollte Luise noch ein paar Minuten in der Kapelle allein sein, unter anderem um einen Blick auf ihre Namensgefährtin zu werfen, vor der sie eine große Hochachtung hatte. Wenn wie an diesem Tag die Sonne durch die pastellfarbenen Fenster auf die Denkmäler schien, konnte man meinen, die Betrauerten würden nur schlafen, so wirklichkeitsgetreu waren sie dargestellt. Trotz der morgendlichen Wärme schlug Luise aus dem inneren des Grabmahls eisige Kälte entgegen. Als sie den Altarraum betrat, drang ihr unvermittelt starker Verwesungsgeruch in die Nase. Es wäre nicht das erste Mal, dass ein Tier sich in die Kapelle verirrt hätte und dort verendet wäre. Luise schaute sich nach einem kleinen Fellbündel um und erstarrte. Ein schon längst getrocknetes braunes Rinnsal in der Mitte des Raumes führte ihren Blick weiter zu dessen Ursprung, der sich am Marmorsarkophag des großherzoglichen Prinzen befand. Quer über dem in Stein gemeißelten Prinzen lag bäuchlings der Leichnam eines Mannes, Blutbäche hatten sich über den Sarkophag ergossen und stachen anklagend von dem schneeweißen Marmor ab.

Luise erschrak vor ihrem eigenen Schrei. Mit der Hand vor dem Mund rannte sie ins Freie und übergab sich.

Kommissar Balter war sichtlich gereizt, er hatte andere Aufgaben als dem mürrischen Lehrer zum dritten Mal zu erklären, dass die Besichtigung ins Wasser fallen müsste.

„Aber ihre Leute können doch nicht den ganzen Tag brauchen …!"

„Ich sag es Ihnen zum letzten Mal, das ist ein Tatort und Sie verschwinden jetzt mit Ihren Schülern, bevor die mir hier noch alle möglichen Spuren zertrampeln. Ich gebe Ihnen noch fünf Minuten, sonst lasse ich Sie von den Kollegen entfernen!"

Mit diesen Worten drehte Balter sich um und ging auf Luise Zimmermann zu, die mit einer Decke um die schmalen Schultern auf einer Bank saß.

„Hier, ich habe ihnen einen Kaffee mitgebracht!"

„So etwas Schreckliches habe ich noch nie gesehen, was ist da nur passiert?"

Dieselbe Frage stellte Balter wenig später seinem Gerichtsmediziner.

„Ich habe leider absolut keine Ahnung, das Einzige was ich mit Gewissheit sagen kann, ist, dass der Mann nicht in der Kapelle angegriffen wurde, sondern in der Gruft. Die Tür stand offen und auf den Stufen ist überall Blut. Ich nehme an, er hat sich nach oben geschleppt."

„Aber warum liegt er auf dem Sarkophag?"

„Ich messe dem keine große Bedeutung bei, wahrscheinlich hat er sich einfach abstützen wollen und ist dann zusammengebrochen!"

„Was glaubst du, wie lange er schon da drin liegt?"

„Weißt du doch, das erfährst du, wenn die Untersuchung abgeschlossen ist. Die Leiche wird demnächst abtransportiert und ich bin hier vorerst fertig."

Einen Tag später versammelten sich Johannes Balter und sein Team im Konferenzraum. Auf einer großen Tafel notierte Balter alle bisherigen Anhaltspunkte.

„Was wir bis jetzt wissen, ist sehr dürftig!"

In der Mitte der Tafel klebte ein Bild vom Tatort, von welchem aus der Kommissar Pfeile in verschiedene Richtungen malte.

„Wir haben eine männliche Leiche, zwischen 50 und 55 Jahre alt, Tod durch mehrere Stichwunden in Brust- und Halsbereich, Tatwaffe wurde nicht gefunden, war aber laut Gerichtsmedizin kein handelsübliches Messer! Zeitpunkt des Todes: ungefähr vor zwei Monaten. Anne und Martin, ihr durchsucht die Akten nach Vermissten in den letzten drei Monaten, wir müssen so schnell wie möglich wissen, wer der Tote ist! Wolfgang und Christoph, ihr bezieht Posten im Fasanengarten, vielleicht kehrt der Täter zurück, es wird ihn nervös machen, dass man die Leiche jetzt gefunden hat. Vielleicht fällt euch irgendjemand auf! Heute Mittag um drei treffen wir uns wieder hier!"

Als das Telefon klingelte schreckte Luise Zimmermann zusammen, seit gestern riefen zu jeder Tages- und Nachtzeit Reporter an und wollten ein Interview mit ihr. Als sie schließlich den Hörer abnahm, meldet sich Kommissar Balter.

„Zum Glück sind Sie es!"

„Das höre ich selten, wenn ich irgendwo anrufe!"

„Was kann ich denn für Sie tun?"

„Ich wollte nachfragen, ob Ihnen vielleicht noch jemand eingefallen ist, der einen Schlüssel zur Kapelle besitzen könnte?"

„Nein leider nicht, ich habe die ganze Nacht darüber nachgedacht, schlafen konnte ich sowieso nicht. Aber außer mir hat nur noch die Außenstelle vom Landesdenkmalamt einen Ersatzschlüssel! Wissen Sie denn schon, wer der Tote ist?"

„Nein, bisher tappen wir noch im Dunkeln!"

Balter legte auf und schaute sich noch einmal die Fotos vom Tatort an. Was um alles in der Welt hatte dieser Mann in der Gruft gemacht? Mit wem trifft man sich in einer Gruft und warum?

„Johannes! Ich glaube wir haben ihn gefunden!" Anne war ohne zu klopfen in Balters Büro gestürmt und wedelte mit einem Blatt Papier in der Luft herum.

„Dieter Krempp, seit dem 27.04. vermisst, die Vermisstenanzeige wurde von seiner Firma aufgegeben."

„Keine Familie?"

„Er ist geschieden, hat einen Sohn. Und das ist noch nicht alles! Sein Sohn ist ebenfalls als vermisst gemeldet worden, vor drei Jahren!"

„Das wird ja immer schlimmer! Gut, dann fährst du in seine Firma, ich zu seiner Ex-Frau und Martin soll sich die Wohnung von Herrn Krempp anschauen!"

Anne war zehn Minuten später vor Ort und wurde ins Büro von Krempps Chef geführt.

„Haben Sie Dieter endlich gefunden? Was ist mit ihm passiert?""

„Zu den Details darf ich Ihnen momentan noch keine Auskunft geben. Haben Sie eine Ahnung, was er in dieser Kapelle gesucht hat?"

„Nein, Dieter war ein sehr schweigsamer Mensch und nach dem Verschwinden seines Sohnes ist das noch schlimmer geworden."

Johannes atmete tief durch, er würde sich nie daran gewöhnen, Angehörigen schlechte Nachrichten zu überbringen. Als die Tür geöffnet wurde, erblickte er eine von Sorgen gezeichnete Frau mittleren Alters.

„Frau Krempp? Balter, Kriminalpolizei, darf ich reinkommen?"

Leonore Krempp wurde blass, mit einer langsamen Handbewegung bat sie Balter in ihre Wohnung und setze sich mit ihm ins Wohnzimmer.

„Haben Sie meinen Sohn gefunden?"

„Leider nein, ich bin wegen Ihres Ex-Mannes hier."

„Oh mein Gott, hat er jemanden getötet?"

„Nein, wie kommen Sie darauf, wen sollte Ihr Mann denn umbringen?"

„Unser Sohn ist vor drei Jahren auf dem Heimweg von der Bibliothek verschwunden. Dieter war überzeugt davon, dass Stefan ermordet worden ist. Seine gesamte Freizeit hat er damit verbracht herauszufinden, was mit ihm geschehen ist. Mit wem er befreundet war, wer seine Kommilitonen waren. Wer zum gleichen Zeitpunkt in der Bibliothek war. Er ist nur noch zum Schlafen nach Hause gekommen. Ich habe das nicht mehr ausgehalten und wir haben uns getrennt."

„Gab es denn irgendwelche Verdächtigen beim Verschwinden Ihres Sohnes?"

„Mario Zimmer, sein bester Freund, er wurde tagelang in Untersuchungshaft gehalten und man versuchte ihn zu einem Geständnis zu zwingen! Uns wurde wenig über die Ermittlungen gesagt, deshalb war mein Mann auch so versessen darauf, selbst zu recherchieren."

„Ich werde mir die Akten kommen lassen. Und wenn Sie Fragen haben, können Sie sich jederzeit an mich wenden!"

„Was ist nun mit Dieter?"

„Es tut mir leid Frau Krempp, Ihr Mann ist tot!"

Leonore Krempp schlug die Hände vors Gesicht.

„Wir haben uns nicht mehr verstanden, aber das bedeutet nicht, dass ich ihn nicht mehr geliebt habe!"

„Ich weiß!"

„Woher wollen Sie dass denn wissen?"

„Meine Eltern ..."

Leonore Krempp sah ihn aus geröteten Augen an.

„Ist er ... wie ist es passiert?"

Johannes atmete tief durch.

„Wie es aussieht, müssen wir leider von Fremdeinwirkung ausgehen!"

„Und wissen Sie, wer ihm etwas angetan hat?"

„Nein, bisher haben wir noch keine Spur. Wann haben Sie Ihren Mann denn zuletzt gesehen?"

„Das ist über ein Vierteljahr her. Wir haben uns sehr gestritten an dem Tag und ich war zu gekränkt, um mich bei ihm zu melden. Wann ist es denn passiert?"

„Es muss in den letzten Apriltagen gewesen sein."

„Oh nein…"

„Soll ich jemanden für Sie anrufen?"

„Nein, nein, ich möchte erstmal allein sein."

„Es tut mir sehr leid, Frau Krempp!"

Auf dem Weg zum Auto telefonierte Balter mit seinen Kollegen und gab Anweisungen, die Akte von Stefan Krempp aus dem Archiv zu holen und Mario Zimmer aufs Revier zu bringen. Als er das Revier betrat, wurde Mario Zimmer schon in den Verhörraum gebracht.

„Das ging aber schnell!"

„Er war leicht zu finden: arbeitslos und hängt daheim vorm Computer rum!"

Balter fand sich einem blassen, jungen Mann gegenüber, dessen schwarze Haare und dunkle Kleidung die ungesunde Hautfarbe noch stärker betonten. Er hatte dunkle Ringe unter den Augen und schaute dem Kommissar mit blankem Hass entgegen.

„Ich habe die Schnauze von euch Drecksbullen gehörig voll! Wann gebt ihr Arschlöcher endlich Ruhe?"

„Hey, nun mal sachte! Ich hatte noch keine Zeit mir den Fall von Stefan Krempp anzusehen. Ich will erstmal nur wissen, was damals passiert ist und warum sie verdächtigt wurden!"

Mario entspannte sich etwas, wobei sein Misstrauen blieb.

„Witzig! Warum wurde ich wohl verdächtigt? Weil ich nicht in euer feines Stadtbild passe, weil ich etwas anders bin als andere!"

Balter schaute auf die schweren Stiefel und den gewöhnungsbedürftigen Schmuck des Jungen, der eher an Hundehalsbänder und Fahrradketten erinnerte.

„Nun, mag sein, dass Sie zu einer recht extravaganten Szene gehören, aber das allein macht jemanden noch nicht zum Verdächtigen! Ist irgendwas zwischen Ihnen und Stefan vorgefallen?"

Mario verdrehte die Augen.

„Wie ich sagte, Mario, mit Ihnen zu reden ist für mich effektiver, als die Akten zu wälzen. Also helfen Sie mir bitte, dann können Sie auch gleich wieder gehen!"

„Stefan und ich hatten Streit, ja, aber er war mein bester Freund! Nur weil ich ein Goth bin, bringe ich keine Leute um, schon gar nicht meine Freunde! Goths sind gegen Gewalt und keine Sadomaso-Teufelsanbeter, wie Ihre Kollegen mir unterstellen wollten!"

„War Stefan auch ein Goth?"

„Wenn Sie meinen, ob er sich so gekleidet hat, nein!"

„Aber?"

„Er war ein friedlicher, toleranter und guter Mensch!"

Mario stand die Trauer um seinen Freund deutlich ins Gesicht geschrieben, Balter verstand die Verdächtigungen gegen ihn nicht.

„Warum fragen Sie mich das alles? Gibt es denn etwas Neues?"

„Nicht direkt zu Stefan, nein."

„Würde mich auch wundern, diese Schweine sind zu schlau!"

„Wen meinen Sie?"

„Diese Typen von der Studentenverbindung! Ich habe ihm gesagt, dass mit denen was nicht stimmt, er wollte nicht auf mich hören! Deswegen hatten wir auch Streit. Er meinte, ich sehe wieder mal überall das Schlechte und die Leute dort wären total nett und freundlich und so!"

„Welche Studentenverbindung ist das?"

„Prima Noctis nennen die sich, das ist ja kaum auffällig!"

„Was glauben Sie, was mit denen nicht stimmt?"

„Ich habe von ein paar Freunden Geschichten über diese Verbindung gehört und ich bin mir sicher, dass das Satanisten sind! Aber Ihre Kollegen hatte das, wie gesagt, einen Scheiß interessiert! Das sind alles Jungs aus reichem Elternhaus, sauber gekleidet, von den besten Privatschulen, können sich gewählt ausdrücken. Denen traut man so was nicht zu!"

„Und Stefan war mit diesen Leuten befreundet?"

„Er hatte vor, dieser Verbindung beizutreten!"

„Können Sie mir Namen nennen?"

„Nein, aber die haben eine Internetseite, da kriegen Sie bestimmt Informationen!"

„Haben Sie je versucht, dort nach Ihrem Freund zu fragen?"

„Nein, Stefans Verschwinden ist schrecklich für mich, aber ich hänge noch zu sehr am Leben, um mich mit denen einzulassen!"

„Wissen Sie etwas über Stefans Vater?"

Mario erschrak.

„Wieso? Ist ihm was passiert?"

„Schon möglich!"

Der Junge schluckte und kämpfte mit den Tränen.

„Herr Krempp war besessen davon, Stefans Mörder zu finden und rauszukriegen, was sie mit ihm gemacht haben! Ich habe ihn mehrmals gewarnt, dass das kein gutes Ende nehmen wird. Aber er hat weitergemacht! Er hat diese Leute beobachtet, alles über sie notiert!"

Gegen 22 Uhr kam Martin Schick mit zwei seiner Kollegen zurück ins Revier.

„Wir haben es tatsächlich gefunden, obwohl schon jemand vor uns gesucht hat! Allerdings hatte Krempp den Ordner mehr als gut versteckt! Hier steht nahezu alles über diese Studentenverbindung! Alle Mitglieder sind hier aufgelistet, Hintergrundinfos über Satanismus, mögliche Ritualstellen, Treffpunkte und Zeiten, besonders interessant ist ein Plan von dem unterirdischen Tunnelsystem, das angeblich unter der Stadt existiert! Damit wäre klar, wie sie in die Kapelle kamen ohne einen Schlüssel zu besitzen! Wenn die Berechnungen stimmen, ist das nächste Treffen der Gruppe übermorgen Nacht!"

„Das bedeutet, wir werden uns an jedem möglichen Treffpunkt einfinden und sie auf frischer Tat schnappen! Dann haben wir genug in der Hand, um sie zu verhaften!"

„Aber keine Leiche!"

„Sobald wir sie haben, werden wir den Fasanengarten und

alle anderen Ritualstellen abriegeln und umgraben! Stefan Krempp ist nicht der einzige Student der in den letzten Jahren hier verschwunden ist!"

„Chef, ich glaube, ich hab den Grund gefunden, warum bei den früheren Ermittlungen nichts gegen die Gruppe unternommen wurde! Schau dir mal die Mitgliederliste an."

„Michael Ackermann! Das ist ja unglaublich, der Sohn eines Stadtrats!"

„Und das ist nicht alles! Der Großvater von Kommissar Ackermann ist der Mitgründer dieser Vereinigung!"

„Du lieber Himmel, das sind größere Abgründe, als ich je gedacht hätte! Ich glaube, mit der Verurteilung von ein paar Studenten ist unsere Arbeit da noch lange nicht getan!"

„Sag mal, zitterst du?"

„Ist das ein Wunder? Das hier ist ziemlich unheimlich!"

Anne und Christoph standen zwischen den Bäumen im Fasenengarten und blickten auf die Hintertür der Grabkapelle.

„Scheiße, da tut sich was!"

Durch die kleinen, runden Fenster, die in der Krypta eingelassen waren, flackerte Licht.

„Balter, bitte kommen! Sie sind hier, in der Gruft!"

„Verstanden!"

Johannes hatte sich mit zwei weiteren Kollegen im Obergeschoss der Kapelle versteckt, in der Gruft wurde gerade ein unheimlicher Singsang angestimmt. Schritte waren auf der Steintreppe zu hören, kurz darauf öffnete sich die Tür zur Gruft. Maskierte, in Umhänge gehüllte Gestalten traten heraus, positionierten Fackeln an zwei Seiten des Altars und entzündeten schwarze Kerzen. Das Singen und Murmeln wurde lauter und die Vermummten bildeten einen Kreis um den Altar. Zuletzt traten aus der Gruft drei in rote Gewänder gekleidete Gestalten. Eine ging langsam voran, während die zwei nächsten in ihrer Mitte einen gefesselten und geknebelten Jungen mitschleiften. Der Junge wehrte sich nicht, stand offenbar unter dem Einfluss von Drogen. Als die Verkleideten ihn auf den Altar legten, musste Balter sich in seinem Versteck beherrschen nicht laut aufzuschreien. Wen er da vor sich sah, war Mario Zimmer!

Die Gesänge hatten ihren Höhepunkt erreicht und die drei Anführer der Gruppe stellten sich um den Altar. Einer holte aus seinem Gewand eine Art Ritualdolch hervor und ließ ihn im Kerzenlicht funkeln.

„JETZT!!", schrie Kommissar Balter in sein Funkgerät und im nächsten Moment brach das SEK durch die Türen und versperrte sämtliche Ausgänge. Einer der Anführer versuchte mit den Fackeln Feuer in der Kapelle zu legen, doch auch dies hatten die Beamten schnell im Griff.

Anne Ludwig kümmerte sich um den taumelnden Mario Zimmer und brachte ihn in Sicherheit.

Drei Tage später hatte einer der Verbindungsbrüder gestanden. Stefan Krempps sterbliche Überreste wurden zusammen mit zwölf anderen Leichen aus dem Hardtwald geborgen. Die Gräber waren kreisrund angeordnet und Kommissar Balter wusste mittlerweile, dass es noch mehr dieser Kreise an mystischen Orten in Baden-Württemberg gab. Der Fall war abgeschlossen, doch hatte er ein Netzwerk von Verbrechen aufgedeckt, welches Balter und sein Team noch monatelang beschäftigen würde.

SASKIA KRUSE

MR. RIGHT

Lena ließ die neueste Ausgabe ihrer Lieblings-Klatschzeitschrift lächelnd sinken. Sie versuchte, es sich in dem unbequemen Sitz des muffig riechenden und überfüllten Bahnabteils ein wenig gemütlicher zu machen. Auf ihre Lektüre, den Klatsch und Tratsch aus Königshäusern, konnte sie sich ohnehin nicht mit dem gebührenden Respekt konzentrieren. Stand ihr doch selber Größeres, etwas Atemberaubendes bevor!

Was ihre Vorfreude geringfügig trübte, war das schlechte Gewissen ihrer Schwester Caroline gegenüber. Eigentlich war abgemacht, dass sie mit ihr alles absprach, denn Caroline war ihr Vormund. Dieses Wort fand Lena merkwürdig und hatte den Sinn nicht begriffen. Aber sie war eben nicht ganz so klug, wie man in ihrem Alter sein müsste, wofür es einen Begriff gab ... irgendetwas mit einem Radiergummi ... radiert? Egal. Für alles, was sie nicht verstand, hatte sie ihre Schwester, die auch die Sache mit dem Vormund auf ihre Nachfrage hin lachend erklärte: „Das ist ganz einfach, Lena – bevor du etwas außer der Reihe machen möchtest, mach einfach deinen Mund auf und wir reden drüber. Und dann regeln wir das gemeinsam." Und genau das hatte sie dieses Mal nicht getan. Sie hatte einen nicht unbeträchtlichen Teil ihrer Ersparnisse, über die sie frei verfügen konnte, abgezwackt und sich ein Bahnticket nach Karlsruhe gekauft. Das war ganz schön aufregend! Dort würde sie ihn treffen. Den Mann, nach dem sie so lange gesucht hatte. Einen Mann, der sie verstand, sie ernst nahm und sich wirklich für sie interessierte. Und genau wie ihre Schwester, die immer aufmunternd zu ihr sagte, sie sei nicht dumm, sondern eben anders schlau, hatte ihr auch Karl dieses Gefühl beim Chatten und am Telefon vermittelt.

Außerdem würde Lena morgen schon wieder nach Hause fahren und mit etwas Glück würde Caroline ihre Abwesenheit gar nicht bemerken. Sie kam zwar regelmäßig, aber nicht täglich in Lenas kleiner Wohnung vorbei. Naja, und anschließend würde Lena ihre Schwester in die Sache mit Karl einweihen. Er hatte auch gesagt, sie solle Caroline erst einmal auf gar keinen Fall etwas von ihnen erzählen. Wenn sie sich das erste Mal getroffen hätten, würde er zu Besuch kommen und sich ihrer Schwester offiziell vorstellen, wie sich das gehört. Hach, Karl war so höflich und zuvorkommend!

Caroline hatte ihr immer wieder eingeschärft, dass man zwar chatten dürfe, sie sei schließlich kein Kind mehr, aber dass man auch als Erwachsene vorsichtig sein müsse. Man dürfe nie zu viel von sich erzählen – wo man wohnt zum Beispiel. Das hatte Karl auch nicht verraten, aber der war sehr schlau, keine Frage. Und treffen dürfe man sich unter keinen Umständen mit Bekanntschaften aus dem Chat, da dort viele wären, die Böses im Schilde führten. Ja, das mag sein. Aber Karl nicht! Der war ganz anders, das hatte Lena sofort gemerkt. Der schrieb und erzählte nie von diesen komischen Dingen wie viele andere Leute im Chat; eben diese Sachen, die in die Pfui-Richtung gingen. Der teilte ihre größte, eigentlich einzige, Leidenschaft: die Adelsgeschlechter, besonders die deutschen. Da konnte ihr so schnell keiner etwas vormachen! Selbst ihre Schwester, die als Lehrerin für Mathematik und Biologie wahnsinnig gescheit war, schüttelte mit lachender Bewunderung den Kopf und rief: „Lenchen, Lenchen ... was du alles weißt!", wenn sie beiläufig erwähnte, wer die Eltern von Konstantin von Hohenzollern-Hechingen waren oder woran Friedrich III. gestorben war. Letzteres führte sie besonders gerne an, wenn sie ihre Schwester beim Rauchen erwischte. Naja, selbst die klügsten Menschen machten ab und zu dumme Sachen.

Mit Karl war sie direkt auf einer Wellenlänge gewesen. Sie hätte nicht für möglich gehalten, überhaupt einen Mann zu finden, der das gleiche Interesse wie sie hatte. Ihr Vater hatte früher nur die Nase gerümpft und verächtlich „Weiberkram!" gemurmelt, wenn sie zusammen mit ihrer Mutter stundenlang über den wunderschönen alten Büchern und Ahnentafeln gesessen hatte. Und ergänzt hatte er das oft mit Sprüchen wie: „Mach aus unserer kleinen Dummnuss ruhig eine Fachidiotin, ist eh Hopfen und Malz verloren!" Ganz verstanden hatte Lena ihren Vater nicht, aber das war auf jeden Fall nicht nett gewesen ...

Ganz im Gegensatz zu Karl. Der sagte immer nur nette

Dinge zu ihr. Und der absolute Knaller war, dass Karl nicht nur Interesse an deutschen Adelsgeschlechtern hatte, sondern dass er sogar selber aus einem abstammte. Wahnsinn! Er hatte es ihr ganz genau erklärt.

Der Gründer der Stadt Karlsruhe, Markgraf Karl III. Wilhelm von Baden-Durlach, hatte neben seiner recht freudlosen Ehe mit einer hässlichen Frau einige Mätressen, was kein Geheimnis war. Das hatte Lena selber nachgelesen. Aber eines Tages lernte er auf einem Ausritt die Bäuerin Helena kennen, die in den Wäldern nach Kräutern suchte. Helena war wunderschön und anmutig, voll Charme und weiblicher Raffinesse und teilte Karls Liebe zu der Natur und Botanik. Daher verliebte sich dieser Hals über Kopf in die einfache Bäuerin, die natürlich nicht standesgemäß war und es daher undenkbar gewesen wäre, diese Beziehung offiziell zu machen. Sie war aber seine einzige große Liebe und schenkte ihm einen Sohn, der natürlich nie als sein leiblicher Sohn den Zugang in die Geschichtsbücher gefunden hatte, sondern verschwiegen wurde. Daher konnte Lena von ihm auch gar nichts wissen und finden. Das war ja logisch!

Und dieser Sohn, der von seiner Mutter aus Liebe zum Vater auch Karl getauft wurde, war ein Vorfahr von ihrem Chat-Freund Karl. Und seitdem trug jeder männliche Nachkomme in dieser außerehelichen Blutslinie des Grafen den Namen Karl, entweder als Rufnamen oder als Zweitnamen. Wie Lenas Karl auch, der ihr gesagt hatte, dass er eigentlich Daniel hieße und nur mit Zweitnamen Karl, aber gerne bei seinem Zweitnamen genannt würde, da er schließlich stolz auf seine Abstammung sei. Wie verständlich das doch war! Und wie aufregend, dass gerade sie auf so einen interessanten und tollen Mann treffen durfte – und dieser obendrein noch Interesse an ihr hatte! Mehr noch, er brachte sie vor Rührung und überströmender Freude zum Weinen, als er ihr offenbarte, dass sie die einzige und richtige Frau für ihn wäre; dass er das gleich gespürt hätte und dass man dieses sogar an ihrem Namen erkennen könnte: Lena sei die Kurzform von Helena, der einzigen großen Liebe seines Vorfahren. Wenn das keine Bestimmung war ...

Karl hatte alles für den heutigen Tag geplant. Er wollte sich mit Lena exakt an der Stelle im Wald treffen, an der Markgraf Karl zum ersten Mal auf Helena getroffen war. Er meinte, es wäre dem hohen Anlass angemessen und überaus romantisch, sich dort das erste Mal in die Augen zu blicken – und nicht auf einem überfüllten, lauten und hektischen Bahnhof, in den der Zug jetzt langsam einrollte. Schließlich sollte ihr Treffen ein ganz besonderer Moment werden. Karl hatte ihr auf einer Karte aus dem Internet genau markiert, wo dieser Treffpunkt sein sollte und ihr die günstigste weiterführende Busverbindung herausgesucht, damit sie nicht so weit zu Fuß laufen müsste. Wie aufmerksam er doch war!

Lena stieg mit ihrer kleinen Reisetasche aus dem Zug, sah sich nach der richtigen Busverbindung um und machte sich nach Verlassen des Busses in Richtung des vereinbarten Treffpunktes auf. Wie sie da ihres Weges schritt, fühlte sie sich wahrhaft majestätisch. Nicht umsonst nannte Karl sie mitunter „meine Königin". Daher ignorierte sie das unheimliche Gefühl, das sich in ihrem Inneren breit machte, da sie alleine in einer ihr völlig unbekannten Waldgegend unterwegs war. Noch dazu, nachdem die Dämmerung allmählich einsetzte. Karl hatte alles perfekt geplant, nur leider konnte er ein Treffen erst spät am Abend einrichten, da er geschäftlich den ganzen Tag unterwegs war. Da hatte der Mann den ganzen Tag so einen Stress und wollte sie trotzdem unbedingt noch abends kennenlernen. Wenn das kein Zeichen war, wie viel sie ihm bedeutete!

Als sie am vereinbarten Treffpunkt angekommen war, schaute sie sich suchend um und sah kurz darauf einen Mann ein Stückchen entfernt zwischen zwei Bäumen hervortreten. Ihr Herz machte einen Hüpfer vor Freude, als dieser Mann eine Hand hob und ihr zuwinkte. Karl! Kurz wunderte sie sich, warum er weiße Handschuhe trug, so kalt war es doch noch gar nicht. Aber wer aus einer Adelslinie abstammt, darf wohl seine Eigenheiten haben. Oder er war generell auf die vornehme Blässe des Adels bedacht. Sie gluckste bei dem Gedanken leise vor sich hin. Wie auch immer, Lena schritt strahlend auf ihren Karl zu.

Schlagzeile aus der „Badische Neueste Nachrichten" vom

13.09.:

Der Fesselmörder von Karlsruhe hat wieder zugeschlagen!
Erneut wurde in einem Waldstück in Karlsruhe eine gefesselte Frauenleiche aufgefunden. Die Tatumstände sprechen dafür, dass es die dritte Tat in den letzten vier Monaten ist, die dem als „Fesselmörder von Karlsruhe" genannten Serienmörder zuzuschreiben ist.

Die Identität der jungen Frau, die vor ihrem Tod offensichtlich grausam gequält, missbraucht und verstümmelt wurde, ist bislang noch nicht geklärt. Die Polizei nimmt sachdienliche Hinweise entgegen. Näheres auf Seite 4

Meine Güte, war das eine dämliche Trine gewesen! Er fuhr seinen komplett neu aufgesetzten PC hoch und schüttelte verächtlich den Kopf. Naja, ein bisschen Spaß hatte sie ihm im Nachhinein doch noch bereitet. Aber dieser Aufwand im Vorfeld ... sich mit so einem sterbenslangweiligen Thema wie Adelsgeschlechtern auseinanderzusetzen, um diese Trulla zu beeindrucken. Zum Glück war sie nicht das hellste Licht im Hafen gewesen, sodass er sich kleine Nachlässigkeiten erlauben konnte. Eine erfundene Ahnenkette, ein bisschen Gefasel von angebeteter Königin und ein wenig Bauchpinselei, wie gescheit sie doch sei ... Alles in allem nicht das interessanteste Opfer, aber ein leichtes. Und dabei recht ansehnlich. Wenn sie erst einmal gefesselt und geknebelt vor einem liegen, spielen ihre Intelligenz und Interessen absolut keine Rolle mehr. Dann fängt der wirkliche Spaß erst an, dann zählen ausschließlich seine Vorlieben! Aber mühselig war dieses Adelsgeschwafel doch gewesen.

„Mein nächstes Opfer sollte schon eine interessantere Vorliebe haben ... und ich einen schöneren Namen als Karl", dachte er und wählte sich als „Mr. Right" in einen neuen Chatraum ein.

Nino Delia

Leben und Sterben nach Dienstvorschrift

Als Inspektor im Dienste der Stadt Karlsruhe hatte Alfred von Bredele sich einen exakten Tagesablauf angeeignet, den er nur ungern durch unvorhergesehene Ereignisse durchbrochen sah. Eines dieser Ereignisse lag gerade in Form eines Stück Papiers auf seinem Kaffeetisch und weckte seinen Unmut. Durch die Straßen und Wege Karlsruhes streifte ein Mörder und Bredele hatte nur noch zwei Tage Zeit, ihn zu stellen. Der morgendliche Fußmarsch ins Präsidium musste notgedrungen durch eine Kutschfahrt in die Innenstadt ersetzt werden und allein diese Unordnung versetzte ihm einen Stich in den Magen.

Er schob die Tasse mit dem mittlerweile kalt gewordenen Kaffee zur Seite und griff nach der kleinen Glocke, die neben seinem Frühstückstablett geduldig auf ihren Einsatz wartete. Keine Minute später erschien Elsa im Wohnzimmer, ihre Wangen noch gerötet von der Kälte, die sie mit sich in den kleinen Raum brachte. Seine Haushälterin hatte es sich angewöhnt, direkt hinunter in den Hof zu gehen und das Feuerholz zu holen, sobald das Frühstück serviert war.

„Sie wünschen?", fragte sie schwer atmend und strich sich die Schürze glatt. Seit fünfzehn Jahren arbeitete sie nun schon für ihn und diesen Tick mit der Schürze hatte sie seit damals nicht abgelegt.

„Sie können abräumen. Dann rufen Sie bitte eine Kutsche", instruierte er sie und widmete sich wieder dem Papier. Elsa nickte kurz, sammelte das Geschirr zusammen und wollte es zurück auf das Tablett stellen. Dabei glitt ihr das Buttermesser aus der Hand und fiel mit einem dumpfen Aufprall auf die Dielen.

Er schaute mit hochgezogener Braue auf und beobachtete, wie sie das Messer mit einer fahrigen Bewegung aufsammelte und dabei fast den Rest des Geschirrs zu Boden riss. Eigentlich war Elsa eine robuste, kleine Frau im besten Alter, die mit gekonnten Handgriffen seinen Haushalt führte und all seine Aufträge ohne Umschweife erledigte. Diese Flatterhaftigkeit sah ihr nicht ähnlich.

Er wollte etwas sagen, da hatte sie ihre Unordnung schon beseitigt und griff nun nach der Tasse, um auch die noch auf dem Tablett zu verstauen.

„Soll ich noch frischen Kaffee aufsetzen?", fragte sie, als sie sah, dass er seine Tasse wieder nicht geleert hatte.

Normalerweise genoss er den Geschmack eines frisch gebrühten Heißgetränks am Morgen und ging ohne seine zwei Tassen Kaffee nicht aus dem Haus. Doch schon gestern hatte er nur eine genießen können, bevor Hanno ihn unter wütendem Türklingeln aus seiner Routine gerissen hatte. Sein Assistent Hanno, noch so ein Ereignis, das seinen Tagesplan ständig auf den Kopf stellte.

Er lehnte Elsas Angebot ab und trug ihr noch auf, eine Nachricht an Hanno zu schicken, die ihm bedeutete, er solle sich mit Bredele am schwedischen Palais treffen. Auf den Karlsruher Straßen wurde das Anwesen gemeinhin so genannt, seit Friederike Dorothea, die ehemalige Königin von Schweden, dort eingezogen war. Dies erledigt, faltete er die Liste sorgsam und steckte sie in seine Brusttasche. Dann stand er auf, um sich in seinem Zimmer für den Tag anzukleiden. Mit einem Blick auf den Kalender vergewisserte er sich, dass tatsächlich Dienstag war und er somit den dunkelblauen Anzug tragen würde. Die kleine Zierpflanze auf dem Fenstersims direkt neben seinem Frühstückstisch ließ die welken Blätter hängen und er machte sich eine geistige Notiz, Elsa darauf anzusetzen.

Die Kutschfahrt war eine unangenehme Notwendigkeit, zu der er sich gezwungen sah, um das zeitliche Defizit auszugleichen, das dieser Fall mit sich brachte. Das Gefährt polterte mit ihm die Akademiestraße hinauf, entlang der Linkenheimerthor Straße und hielt schlussendlich gegenüber dem Palais. Mit einem flauen Gefühl im Magen entstieg er dem hölzernen Monster, bezahlte den Kutscher und schlang sich dann den Schal enger um den Hals. Der Herbstwind blies heftig und hüllte ihn in Kälte.

„Inspektor!"

Der Junge hatte eine Präsenz wie ein Seemann auf dem Debütantinnenball. Er starrte ihn mit fast offenem Mund an und rang die Hände hinter dem Rücken, wie Bredele am Muskelspiel seiner Schultern erkennen konnte. Sein rechtes Auge tränte, vermutlich vom schneidenden Wind, der diesen Morgen unnötig anstrengend machte.

„Stehen Sie nicht so rum! Auf, auf!", hüstelte Bredele in ein Taschentuch und winkte Richtung Eingang.

„Ich bin so schnell gekommen, wie ich konnte", tat Hanno in einem Tonfall kund, der Bredele wohl dazu veranlassen sollte, ihm ein Lob auszusprechen. „Was ist denn überhaupt geschehen? Ein Verbrechen? An wem? Wo?"

Wenigstens konnte er Fragen stellen, auch wenn es keine sehr intelligenten waren – in Anbetracht der Tatsache, dass sie Polizeibedienstete waren, deren Hauptaufgabe darin bestand, Verbrechen aufzuklären.

„Willkommen am Ort des Verbrechens", erwiderte Bredele trocken und machte sich daran, die wenigen Stufen zum Palais zu erklimmen.

„Aber Inspektor! Sie müssen mir doch sagen, worum es geht! Schließlich bin ich hier, um zu assistieren. Ich muss Zeugen befragen und vielleicht sogar jemanden in Gewahrsam nehmen! Schließen sie mich nicht aus und legen Sie mir den Fall dar!"

Auf das Wort eines Vorgesetzten zu hören, sollte oberste Priorität haben, doch auch davon verstand Hanno nichts. Der Junge war zwar in der ein oder anderen Situation durchaus nützlich – besonders wenn es um Angelegenheiten ging, die mit Verbrecherverfolgung zu Fuß zu tun hatten – doch was Gewandtheit und Auffassungsgabe betraf, war Hanno leider wenig hilfreich. Und Befehle zu akzeptieren, war noch so eine Sache, die Bredele von seinem Mitarbeiter erwartete, dabei jedoch von diesem immer wieder enttäuscht wurde.

„Ich beziehe Sie mit ein, indem ich Sie herbestellt habe. Nun tun Sie Ihre Pflicht und läuten Sie."

Hanno kniff zwar ob der schroffen Zurückweisung die Augen zusammen, doch tat er wenigstens, wie ihm geheißen. Erst danach schien er zu begreifen, wo genau sie sich befanden.

„Sie können doch nicht unangemeldet bei der Königin von Schweden auftauchen", stieß er empört hervor.

„Sie ist nicht mehr die Königin von Schweden. Außerdem ist sie eine Verdächtige."

Was hatten die Leute nur immer mit Ständen und Rängen? Natürlich war es auch für Bredele eine Ehre gewesen, bei der Beförderung zum Inspektor von Oberbürgermeister Griesbach selbst die Hand geschüttelt zu bekommen und er konnte durchaus den Einfluss des Adels und der gut betuchten Mitbürger auf das politische und gesellschaftliche Leben in Karlsruhe erkennen, doch vor dem Gesetz – und vor allem vor ihm – waren sie alle gleich.

Hanno stand immer noch von großem Unbehagen geplagt neben ihm, als sie auf den alten Diener warteten, der Bredele schon am vorigen Abend die Tür geöffnet hatte.

Mit einem fast unhörbaren Knarzen wurde die Doppeltür aufgesperrt und Joseph streckte seinen faltigen Hals hervor, um erkennen zu können, wer es wagte, die Schwester der Kaiserin von Russland unangemeldet zu belästigen.

„Sie wünschen?"

Bredele zog seinen Hut zum Zeichen des Respekts. „Inspektor Alfred von Bredele, Polizeipräsidium Karlsruhe." Er deutete auf Hanno. „Und mein Assistent Hanno Pracht. Wir kommen in dringlicher Angelegenheit."

„Die da wäre?"

Er würde sich sicherlich nicht mehrmals erklären. „Bitte richten Sie Ihrer Herrschaft aus, dass wir warten."

Der Diener kniff die Augen zusammen, sagte jedoch nichts weiter und geleitete sie hinein bis zum Salon. Dann entschuldigte er sich, um die Herrschaft zu holen.

Sobald er außer Sichtweite war, begann Bredele den Salon abzusuchen. Hier hatte der Empfang gestern ebenfalls begonnen und er versuchte, grob zu rekapitulieren, wo die Gäste gestanden und gesessen hatten.

„Suchen Sie nach etwas Bestimmtem? Ich kann doch helfen."

„Ich suche nicht, ich beobachte." Seine Schläfe pochte und machte dieses Unterfangen schwieriger als notwendig.

Hanno schwieg und behelligte ihn nicht weiter.

Er ließ den Blick schweifen, erinnerte sich daran, dass er kurz mit der Frau des Bürgermeisters über die Zustände im Dörfle gesprochen und sich überrascht gezeigt hatte, dass sie über die Verbrechensrate des Stadtteils so genau Bescheid gewusst hatte. Für eine Frau war sie eine durchaus annehmbare Gesprächspartnerin gewesen.

Auf seinem Zettel hatte er drei Verdächtige notiert. Eine von ihnen war die Dame des Hauses, die in just diesem Moment durch die offene Tür in den Salon trat.

„Inspektor, wie schön sie so kurz nach dem Fest wiederzusehen", lächelte Friederike von Baden fast freundlich und neigte den Kopf. „Was bringt Sie her? Ich hoffe, Sie haben nichts bei uns vergessen?"

„Nein, nein, ich komme in polizeilicher Mission."

Sie stutzte, sagte jedoch nichts, also fuhr er fort. „Ich ermittele in einer Sache von höchster Dringlichkeit. Es befindet sich ein Mörder in der Stadt."

„Ein Mörder?" Das war nicht die Badnerin – die riss nur stumm die Augen auf –, es war Hanno, dessen Begriffsstutzigkeit durch den Salon hallte. Er beschloss, nicht auf Hanno einzugehen, sondern seine Ausführungen an die Dame des Hauses zu richten. „Ich habe Grund zu der Annahme, dass einer Ihrer Gäste bei den gestrigen Feierlichkeiten vergiftet wurde."

Friederike ließ sich geziert auf das ausstaffierte Sofa fallen und drückte sich die Hand auf den Busen. „Wer?", hauchte sie tonlos. „Und wie?"

„Was das Wie angeht, nun, das versuche ich herauszufinden." Er leckte sich die trockenen Lippen. „Angaben zum Opfer kann ich leider derzeitig noch nicht machen."

„Warum nicht?" Wieder war es Hanno.

Bredele tat einen tiefen Atemzug, der ihm in der Lunge brannte und unterdrückte ein Husten. „Das Präsidium muss Diskretion wahren, um Panik zu vermeiden", gab er schlussendlich den Grund preis und hoffte, dass sowohl die Verdächtige, als auch sein Assistent es dabei belassen würden.

Friederike setzte sich aufrecht hin und schaute ihm direkt ins Gesicht. „Wie kommen Sie darauf, dass dieser Anschlag bei meinem Bankett stattgefunden hat?"

„Nun, gestern erfreute sich das Opfer noch bester Gesundheit, doch nach dem Essen setzten erste Beschwerden ein, die sich rasch verschlimmerten. Daraus meine Schlussfolgerung, dass das Essen vergiftet gewesen sein muss."

„Und weshalb gibt es dann nur einen Toten?", fragte Hanno, der mittlerweile sein Notizbuch gezückt hatte und fleißig alles niederschrieb, was Bredele von sich gab. Das war eine der wenigen hilfreichen Eigenschaften des Jungen.

„Weil der Täter gezielt vorgegangen ist."

„Aber woher wollen Sie wissen, dass es nicht noch weitere Opfer gibt?", fragte Friederike und zog damit Bredeles Aufmerksamkeit wieder auf sich.

„Nun, ich habe natürlich vor dem Frühstück Erkundigungen über die Befindlichkeit der anderen Gäste eingeholt."

„Bei allen?"

„Ja, Hanno, mein Tag beginnt früh." Er wandte sich wieder der Dame zu. „Nun würde ich es begrüßen, wenn mein Assistent sich mit der Köchin und den anderen Bediensteten unterhalten könnte. Vielleicht hat jemand etwas Ungewöhnliches beobachtet."

Hanno schaute ihn an, offensichtlich hin- und hergerissen zwischen dem sofortigen Aufbruch und dem Drang, Bredele um genauere Instruktionen zu bitten. Er entschied sich für Letzteres.

„Inspektor? Wonach genau soll ich denn fragen?"

Bredeles Schläfe pochte heftiger. „Dies ist eine Mordermittlung, und nicht Ihre erste, Pracht. Also gehen Sie und machen Sie Ihre Arbeit."

Einen Moment stand Hanno noch unentschlossen da und hielt das Notizbuch fest umklammert, doch dann verbeugte er sich kurz vor Friederike und folgte dem Diener, der schon in der Tür darauf wartete, ihn in die Personalküche zu bringen.

Bredele blieb mit Friederike allein zurück, die immer noch sehr schweigsam auf dem Sofa saß. Er holte seinen Zettel aus seiner Brusttasche hervor und betrachtete erneut die Namen, die er beim Frühstück darauf notiert hatte.

„Dann bin ich wohl auch eine Verdächtige?", fragte Friederike mit schmalen Lippen. „Immerhin habe ich zu diesem Fest geladen."

„In gewisser Hinsicht schon, ja", bestätigte er und betrachtete ihr dunkles Haar, das akkurat zu einem Dutt gesteckt worden war. Auch der Rest ihrer Erscheinung war vollkommen, als wäre sie gerade auf dem Weg zu einer Verabredung gewesen.

„Sie sind schon länger wach?"

„Warum fragen Sie?"

Er deutete wortlos auf ihr Ausgehkleid und die straßentauglichen Schuhe.

„Um ehrlich zu sein, bin ich zum Mittag bei Herrn Griesbach eingeladen. Sofern seine Frau noch lebt."

Er musste schmunzeln. Ihre Unverblümtheit hatte ihn schon immer zu amüsieren gewusst. „Ich darf sie beruhigen, Frau Griesbach ist es nicht."

„Also habe ich nicht für den wunderbaren Musselinschal gemordet, den sie gestern Abend trug?" Sie lachte hell und klingend und Bredele lief ein kalter Schauer über den Rücken. „Behandeln Sie mich wirklich als Verdächtige, Alfred?"

So hatte sie ihn lange nicht angesprochen, nicht, seit sie nach Schweden aufgebrochen war, um die Königin von Gustav IV. zu werden. Sie waren befreundet gewesen, damals in Jugendtagen. Das war auch der einzige Grund, weshalb ein Polizeimitarbeiter geringeren Grades als der Präsident zu dem Gastmahl eingeladen worden war. Nach der Flucht aus Schweden und der Begründung ihres neuen Heimatsitzes in Karlsruhe, hatte sie von seiner polizeilichen Laufbahn gehört und ihn wiedersehen wollen.

„Es ist Ihr Haus und es war Ihr Abendessen", erläuterte er das Unausweichliche. Es war ihre Einladung gewesen. Nicht von einem Bediensteten geschrieben, nicht in der Druckerei bestellt. Eine schlichte, blanke Karte in ihrer geschulten Handschrift, die zum Gastmahl im Palais lud.

Friederike nickte. „Dann stellen Sie Ihre Fragen, Alfred. Oder warten Sie darauf, dass der Junge etwas findet?"

Hanno würde nichts finden. Vielleicht würde er aber die richtigen Fragen stellen.

Vielleicht aber auch nicht, dem Gesicht des Jungen nach zu urteilen, der gerade wieder zur Tür hereinkam.

„Keiner der Dienstboten hat etwas gesehen", erklärte er,

ohne darauf Rücksicht zu nehmen, dass eine mutmaßliche Verdächtige im Raum war.

Bredele unterdrückte einen Seufzer. Wer sollte dem Jungen nur Manieren beibringen? „Danke Pracht." Er wandte sich Friederike zu. „Ich denke, Sie sollten die Einladung des Bürgermeisters nicht versäumen. Wir werden Sie hinausbegleiten." Ein Muskel in seinem Augenlid zuckte.

Friederike stutzte, sagte jedoch nichts weiter. Im Gegenteil, sie ging voran zur Haustür, an der Joseph schon mit dem Mantel auf sie wartete.

„Die Kutsche wird gleich bereit sein", sagte er und deutete dann eine Verbeugung vor den beiden Männern an.

Sie traten hinaus und gingen die Stufen hinunter auf den von Blumen umsäumten Steinweg, der zur Hauptstraße führte.

„Oh nein", seufzte Friederike, die nun stehengeblieben war. „Die schönen Moosglöckchen." Sie sah auf die kleinen Blumen herab, die in zwei großen Töpfen links und rechts der Treppe wuchsen und träge ihre schweren Kelche hängen ließen. „Ich habe sie aus Schweden mitgebracht, um mich ein wenig an die schönen Zeiten zu erinnern, doch es will mir einfach nicht gelingen, sie zum Blühen zu bringen."

Bredele schaute zu Hanno hinüber, der ungeduldig von einem Bein auf das andere trat. „Pracht, Sie kennen sich doch in der Botanik aus, nicht wahr?" Er wusste, dass Hanno gern Abbilder aller möglichen Pflanzen in sein Notizbuch kritzelte – zwischen Zeugenaussagen und Tatortbeschreibungen.

Hannos Augen wurden groß und er schüttelte vehement den Kopf. „Ich weiß nicht, Inspektor."

Die Haut hinter seinen Ohren fühlte sich heiß an und er hieß den Wind willkommen, der kalt über ihre Köpfe blies. „Ich bitte Sie, Pracht. Ihr Wissensstand ist dem meinen auf diesem Gebiet weit voraus."

Der Junge zögerte noch einen Augenblick, doch Friederike setzte eine hoffnungsvolle Miene auf und auch er, Bredele, versuchte, motivierend zu erscheinen.

Bredele holte den Zettel aus seiner Brusttasche hervor und schaute noch einmal darauf. In der anderen Hand hielt er seinen Bleistift, den er zwischen den Fingern rollte, während er darauf wartete, dass Hanno Friederike antwortete.

„Nun, also", begann er zaghaft. „Sie brauchen Dunkelheit und Wasser. Hier ist es ihnen zu hell. Normalerweise findet man Moosglöckchen in den dichten schwedischen Wäldern."

Friederike bedankte sich mit einem breiten Lächeln. „Das werde ich dem Gärtner sagen und auf das Beste hoffen."

Das Wiehern eines Pferdes kündigte ihre Kutsche an und Hanno verbeugte sich vor ihr und wünschte ihr einen angenehmen Tag.

Sie streckte auch Bredele die Hand hin, sodass er sie zum Abschied küssen konnte. Seine Finger zitterten.

Sie verschwand mit leicht geröteten Wangen in der Kutsche und Bredele wartete noch, bis der Diener den Verschlag geschlossen hatte, eher er sich in Bewegung setzte.

„Wohin jetzt?", fragte Hanno, der mit hochgezogenen Brauen feststellte, dass die Kutsche, die Bredele hergebracht hatte, noch immer auf ihn wartete.

„In meine Wohnung."

„Haben Sie was vergessen?", begrüßte sie Elsa, die mit hochgekrempelten Ärmeln die Tür öffnete und sich sogleich die Schürze glattstrich.

„Nein, Elsa", entgegnete Bredele mit einem tiefen Seufzer. Die Treppen hatten ihn ungewöhnlich angestrengt. „Die Spur der Ermittlungen führt uns hierher."

„Was?", fragten Hanno, der hinter ihm stand, und Elsa wie aus einem Mund.

Bredele ging voran ins Wohnzimmer, ließ Elsa die Tür schließen und wartete darauf, dass beide ihm folgten.

Hanno trat als erster ein und setzte sich in den Sessel Bredele gegenüber. Elsa blieb in der Tür stehen. Hanno konnte ihm nicht folgen, das konnte Bredele so deutlich von seinem Gesicht ablesen, wie von den Seiten der Tageszeitung.

„Im Palais werden wir keine Hinweise mehr auf den Mörder finden."

„Aber was ist mit der Königin?", hakte Hanno nach. „Sie sagten doch, sie sei eine Verdächtige."

„Ihr Name ist Friederike von Baden, sie ist keine Königin mehr, sonst würde sie noch in Schweden leben", korrigierte er fast automatisch. Sein Atem ging schwer. „Wie dem auch sei, die Dame ist nicht unsere Mörderin."

„Was reden Sie da ständig über Mörder, Herr Bredele?", meldete sich Elsa zu Wort. „Es hat nirgends was gestanden. Und auch auf den Straßen sagen sie nichts davon."

Bredele wollte lachen, doch ein Hustenanfall beendete diese Anwandlung abrupt. Allem Anschein nach hatte er nur noch diesen einen Tag, um den Täter zu überführen. Dem Herrn sei es gedankt, dass dies nur noch eine Frage von Minuten war.

„Ja, Inspektor", wollte nun auch Hanno wissen. „Wer ist denn nun ermordet worden? War es einer der hohen Zausel vom Fest?"

Elsas Augen weiteten sich, wahrscheinlich in der Hoffnung auf Klatsch, mit dem sie bei ihrem Wochenmarktbesuch ihre Freundinnen unterhalten konnte. „Sie meinen, im Palais ist einer umgebracht worden, als Sie gestern Abend da waren?"

Bredele schüttelte den Kopf und widerstand dem Drang, seinen Kragen ein wenig zu öffnen. Wie schlecht es ihm auch gehen mochte, dieser Versuchung würde er widerstehen. „Diesen Verdacht hatte ich zugegebenermaßen, denn mir war nicht klar, wo das Opfer sonst hätte vergiftet werden können. Demnach lag es auch nahe, die Hausherrin auf die Liste der Verdächtigen zu setzen, da sie zu dem Diner geladen hatte."

Hanno beugte sich interessiert vor und stützte die Arme auf die Knie.

„Allerdings ist mir in Anbetracht meiner vernebelten Sinne relativ schnell klar geworden, dass wir an der falschen Stelle suchen."

Elsas eben noch von der Ofenhitze gerötete Wangen wurden langsam immer farbloser.

„Den entscheidenden Hinweis lieferten jedoch Sie, Pracht", wandte er sich an Hanno, der die Augen aufriss und ihn anstarrte. „Ich wusste natürlich, dass Sie es waren, mir hat nur das Wie gefehlt."

„Ich?" Hanno richtete sich empört auf. „Was reden Sie denn da?"

Bredele gab beim Husten ein rasselndes Geräusch von sich und wandte sich, Hanno ungeachtet, an seine Haushälterin. „Elsa, Sie haben ihm geholfen, nicht wahr?"

Die Frau wurde bleich, sie schaffte es nicht einmal, die Schuld zur Gänze auf Hanno zu schieben.

Das würde Bredele übernehmen. Er drehte sich in seinem Sessel, um Hanno besser betrachten zu können. „Soll ich die obligatorische Frage nach den Beweggründen stellen oder ziehen Sie es vor, schweigend auf die Verhaftung zu warten?"

Hannos Hände ballten sich zu Fäusten, doch er zwang sich zur Ruhe. Etwas regte sich in seinem Gesicht, seine Mundwinkel zuckten, bildeten dann jedoch nur eine schmale Linie. „Sie wissen gar nichts, Inspektor."

„Sie befassen sich mit Botanik, einem Gebiet, das mir wenig Begeisterung entlockt. Daher hat es mir auch kein Kopfzerbrechen bereitet, dass meine Zimmerpflanze welke Blätter trägt. Mein Tag folgt einer langjährigen Routine, wie Elsa nur zu gut weiß. Sie weiß auch, wie ich morgens meinen Kaffee trinke. Fälschlicherweise habe ich angenommen, dass das Gift gestern Abend im Essen gewesen sein muss, da die Symptome erst heute früh aufgetreten sind. Allerdings habe ich nicht bedacht, dass ich am gestrigen Morgen nur eine Tasse Kaffee getrunken habe, da Sie, Pracht, mich bei meinem Frühstück unterbrochen haben."

Der Junge zuckte zusammen und Elsa sog scharf die Luft ein. Er genoss den Augenblick der Erkenntnis in den Gesichtern seiner Gegenüber einen Moment. Dann gab er dem Verlangen nach und lehnte sich zurück, seine Glieder entspannten sich ein wenig.

„Hanno Pracht brachte nun also das Gift und Elsa Meyerbach mischte es mir in den Kaffee. Ich gehe davon aus, dass mich die Dosis der zweiten Tasse sehr viel schneller umgebracht hätte, nur leider waren Sie zu voreilig, Pracht, und haben mich die zweite nicht trinken lassen. Dadurch gewann ich die Zeit, Sie beide zu überführen."

„Das ist doch lächerlich!", schnaubte Hanno wütend.

„Ach halt den Mund, Jungchen", tat sich nun Elsa das erste Mal hervor. „Ich hab dir gesagt, dass er zu schlau für uns ist."

„Unsinn!", ließ Hanno sich hinreißen, Bredele für den Moment zu vergessen. „Was bist du auch so dämlich und schüttest den Kaffee in den Blumentopf?"

„Na, das mach ich mit den Resten immer so, dadurch wächst sie doch so gut."

Hanno fasste sich wutentbrannt an den Kopf und drehte sich um. Für einen Augenblick sah es so aus, als würde er sich gerade erst bewusst werden, dass er sich vor Bredele zu der Tat bekannt hatte.

Bredele rieb sich die schmerzenden Hände. Sein Herzschlag wurde langsamer. All die Anstrengungen des Vormittags hatten das Gift schneller in seinem Blut zirkulieren lassen. „Noch einmal meine Frage: Möchte einer von Ihnen mir den Grund nennen? Ich würde es als letzte Ehre betrachten, bevor ich sterbe."

Es war Elsa, die einen Schritt nach vorn tat. „Herr Bredele, Sie waren ein undankbarer Dienstherr. Ständig diese aufwendigen Besorgungen, der Kaffee vom anderen Ende der Stadt, der kostbare Schinken extra aus Durlach. Immer nur neue Aufträge und das Geld reicht vorne und hinten nicht für mich zum Leben. Da haben Sie mal gesagt, dass ich ja Ihre nächste Verwandte wäre und Sie beerben würde, weil Sie sich nie um Familie gekümmert haben", erklärte sie und strich sich mit dieser naiven Geste, die Bredele einst so drollig gefunden hatte, die Schürze glatt. „Der junge Herr hat mir erklärt, dass die nächsten Verwandten das Geld erben. Und er hat mir zusätzlich guten Lohn versprochen, wenn ich nach seiner Beförderung bei ihm in Dienst gehe."

„Sie töten mich für meine Haushälterin?" Hätte er nicht den metallischen Geschmack von Blut in seinem Mund geschmeckt, hätte er darüber gelacht.

Hanno wirkte alles andere als amüsiert, doch sonderlich panisch ob der Entlarvung schien er nicht zu sein. „Bitte seien Sie nicht albern, Herr Inspektor. Ich leiste schon seit drei Jahren gute Dienste für Sie und nie lassen Sie mich richtig an einem Fall teilhaben. Es war an der Zeit, zu beweisen, dass ich es allein kann. Wenn Sie aus dem Weg sind, dann wird man mich zum neuen Ermittler machen. Schließlich habe ich von dem Besten gelernt, nicht wahr?"

„Ich nehme an", begann Bredele und war bemüht, die Augen offen zu halten. „Sie wollen Ihren Dienst mit der Aufklärung des Mordes an Inspektor Alfred von Bredele beginnen?"

„Das soll nicht Ihre Sorge sein. Vielleicht wird die Polizei es auch als Selbsttötung sehen, nachdem die gute Elsa Sie leblos in Ihrem Sessel vorgefunden hat, das Fläschchen mit dem Gift noch auf dem Tisch."

Bredele hätte tief und bedauernd geseufzt, doch es schmerzte zu sehr. „Und wieder haben Sie nicht auf die Details geachtet, Pracht. So werden Sie kein guter Nachfolger."

Hanno verengte die Brauen und leckte sich über die Lippen, als sein Gehirn den Tag Revue passieren ließ.

Bredele hatte allerdings nicht mehr die Zeit, darauf zu warten, also nahm er es selbst in die Hand. „Wir waren im Palais und haben mit dem Diener und Friederike selbst über einen Mordfall gesprochen, dessen Opfer nicht bekannt gegeben wurde. Was denken Sie, warum ich das getan habe?"

Was hatte der Junge sich nur bei diesem Unfug gedacht?

Draußen auf der Treppe konnte er noch verschwommen schwere Fußtritte hören, die zu seiner Wohnung hinaufstiefelten. Eine tiefe Stimme bedeutete den Bewohnern zu öffnen.

Die liebe Friederike war schnell gewesen. Sie musste seinen Zettel sofort gelesen haben, als die Kutschentür hinter ihr geschlossen worden war. Ihre Kombinationsgabe war immer noch so gut wie damals.

Neben dem der ehemaligen Königin von Schweden hatte Bredele noch die Namen der Verdächtigen Pracht und Meyerbach notiert und später, als Hanno von seiner Leidenschaft für Botanik berichtete, hatte er das Wort ‚Pflanzengift' auf die Rückseite gesetzt und das Ganze beim Abschied in Friederikes zierliche Hand gedrückt.

Alfred von Bredele, Inspektor im Dienste Karlsruhes, starb mit einem Lächeln auf den Lippen, denn er hatte sein Tagesziel erreicht.

EISKALT

Die Nacht hat kaum Abkühlung über die Stadt gebracht. Aus dem Schatten der Kirchenmauer flattert eine Taube und landet neben einer Messingratte, die am Hinterteil eines metallischen Gefährten schnuppert. Die Taube zuckelt einige Schritte am Brunnenrand entlang. Dann fliegt sie auf und landet flügelschlagend auf der Schulter des Mannes, der unter dem tropfenden Speirohr lehnt.

Das Telefon weckt Kommissar Ebel aus unruhigen Träumen. Viertel nach fünf am Sonntagmorgen. „Scheiße! Ebel?", knurrt er ins Telefon. „Hallo, Oli, hier ist die Susi vom Revier." Ihre Stimme klingt aufgeregt. „Am Marktplatz wurde ein Toter gefunden." Ausgerechnet! „Ich bin erst heut Nacht von der Fortbildung zurückgekommen und hab frei." „Tut mir leid, Oli. Die Corinna hat 'ne Darmgrippe. Und der Gerd ist im Urlaub auf Mallorca." Ebel reibt sich resigniert die Augen. „Ja, gut, hab's kapiert. Wo muss ich hin?"

Als Ebel am Marktplatz eintrifft, auf dem es von Uniformierten nur so wimmelt, ist die Sonne aufgegangen und verspricht einen weiteren heißen Julitag. Er taucht unter dem rotweißen Polizeiabsperrband durch. „Jesses, das ist ja der Pierro!", entfährt es ihm.

In Hemd und nassem Anzug lehnt der Italiener im flachen Wasser an der Brunnensäule. Die Augen, die stets verschmitzt über den Tresen der Eisdiele geblitzt haben, sind blicklos auf den Platz gerichtet. Sein graumeliertes Haar hängt ihm feucht in die Stirn. Auf dem Brunnenrand balzen übermütige Tierpaare aus Messing, die sich genauso wenig wie das geschmiedete Liebespaar auf der Brunnenspitze an dem Toten stören. „Du hasch dir ja Zeit gelasse", begrüßt ihn Polizeiobermeister Dennig. Ebel reißt den Blick vom Brunnen los. „Dir auch guten Morgen, Dieter. Was haben wir denn hier?" „Heut früh um vier hat ein gewisser Heinz Fassmacher ...", mit dem Kopf weist

Dennig auf einen eingeschüchtert blickenden alten Mann, der mit einem Dackel zu Füßen auf einer Bank im Schatten sitzt, „… wild an die Tür vom Polizeirevier gehämmert. Tja, als der Kolleg dann die paar Meter mitgange isch …" Mit der Hand weist er auf die Brunnen-Szene. „Der Leichebeschauer isch scho auf dem Weg. Aber siehsch du die Wunde hinten am Kopf? Dem Mann hat eindeutig einer kräftig eins drüber gegeben." Na großartig, denkt Ebel und lässt seinen Blick über den Platz schweifen. Kollegen sammeln mit Handschuhen und Greifgabeln das Pflaster und die Mülleimer ab und tüten die Fundstücke ein. Nachdem er Pierro im Brunnen nochmals eingehend in Augenschein genommen hat, wendet er sich Heinz Fassmacher zu.

„Guten Morgen, mein Name ist Ebel von der Kriminalpolizei." Der Mann blickt ängstlich zu ihm hoch. „Gute Morge", kommt es tonlos zurück. Der Hund hat sich beschützend vor seinem Herrchen aufgebaut. „Ist das Ihr Hund? Wie heißt er denn?", versucht Ebel den Alten aus der Reserve zu locken. Es scheint zu funktionieren, denn der Mann blickt auf seinen Hund hinab und spricht nun deutlicher. „Des isch der Hermann." „Ein schönes Tier", lügt Ebel. „Nun erzählen Sie mal, was heute passiert ist."

Viel kommt bei der Befragung nicht herum. Die Hitze der letzten Tage, die sich in der Wohnung in der alten Stadtmauer gestaut hat, haben Hund und Herrchen früh am Morgen auf die Straße getrieben, wo sie dann den schrecklichen Fund gemacht haben. Inzwischen hat jemand Pierro aus dem Wasser gezogen und auf eine Bahre gelegt. Die ersten Schaulustigen haben sich versammelt. Langsam erwacht Durlach.

„Herr Kommissar!" Der Pfarrer eilt in voller Montur aus dem Seiteneingang der Kirche. Die Neugier steht ihm ins Gesicht geschrieben. „Darf ich erfahren, was passiert ist?"

„Der Eisdielenbesitzer ist zu Tode gekommen."

„Der Pierro?" Entsetzen zeigt sich im Gesicht des Geistlichen. „Und ich hab ihm noch gesagt …" Erschrocken verstummt er.

„Was haben Sie ihm gesagt?", fragt Ebel sofort.

„Ach nichts. Ist nicht wichtig."

„Alles ist wichtig, was uns bei den Ermittlungen helfen kann", belehrt ihn der Kommissar.

„Nun, ich will ja nicht schlecht von dem Toten reden ..."
Ebel sieht dem Pfarrer an, dass er es kaum erwarten kann, seinen Klatsch loszuwerden. „... aber der Pierro hatte schon seine eigenen Ansichten von der Unantastbarkeit der Ehe." Das passt ja, denkt Ebel und betrachtet den Brunnen mit seiner frivolen Dekoration. „War er denn verheiratet?", fragt er. „Nein, er nicht", sagt der Pfarrer süffisant und sieht Ebel vielsagend an. Er weist auf den Erker über der Eisdiele. „Dort oben hat er gewohnt, zusammen mit seiner Nichte, die in der Eisdiele aushilft. Ein freundliches Mädchen..." „Zio Pierro!" Wie aufs Stichwort schallt ein Schrei über den Marktplatz. „Da ist sie ja", erklärt der Pfarrer.

Kein Mädchen, sondern eine sehr hübsche junge Frau, denkt Ebel, als er Antonella Albighieri in der Wohnung über der Eisdiele gegenüber sitzt. Das dunkle Haar fällt lockig den Rücken des weißen Kleids hinab bis zur schlanken Taille. Kummer hat ihre Augen gerötet und die Sommersprossen auf ihrem Nasenrücken heben sich deutlich von der hellen Haut ab. „Wie lange leben Sie schon bei Ihrem Onkel?" fragt er. Sicherlich zeigen sich beim Lächeln Grübchen. Jetzt aber ist ihr Blick starr auf die Vase mit Blumen in der Tischmitte gerichtet. „Sechs Jahre", antwortet sie den Blumen mit kaum wahrnehmbar gerolltem R. „Mama hat mich hierher geschickt, damit ich Deutsch lerne und meinem Onkel zur Hand gehen kann." „Das war bestimmt nicht einfach", meint Ebel mitfühlend. „Deutsch lernen? Sehr schwer. Aber Zio Pierro ist immer nett zu mir gewesen." Ebel räuspert sich. „Hatten Sie eine, äh, Beziehung mit ihm?" „Wie meinen Sie das?" Ihr Kopf ruckt hoch, und ihre Augen blitzen ihn zornig an. „Er war mein Onkel, und ich ..." Vor Empörung fehlen ihr die Worte. Die schmollend aufgeworfenen Lippen ziehen seinen Blick magisch an. Er muss sich zusammenreißen. „Entschuldigung. Das muss ich leider fragen. Sie glauben ja gar nicht ..." Er unterbricht sich, als er sieht, wie sich ihre Augen drohend verdunkeln. „Hatte Ihr Onkel irgendwelche Feinde?" „Zio Pierro? Nein!" Die Vorstellung scheint sie zu entsetzen. „Absolutamente no. Alle haben ihn geliebt!" Naja, denkt Ebel, dann hat ihn wohl jemand zu sehr geliebt oder doch gehasst, schließlich ist er tot. „Hatte er eine Freundin?" fragt er weiter. Tatsächlich würde ihn auch interessieren, ob sie selbst einen Freund hat ... „Certo, er war ein Mann. Er hatte immer eine Freundin. Vorgestellt hat er sie mir nicht. Die Eisdiele war sein Leben, und er suchte nur ein bisschen Zerstreuung." „Können Sie Namen nennen?" Nun wieder ganz beim Thema, beugt sich Ebel vor. Vielleicht hat sich eine verlassene Frau gerächt. Oder ein gehörnter Ehemann hat dem marodierenden Pierro das Wildern ausgetrieben. Ebel denkt an das Brunnenszenario. „Nein, aber ..." Antonella scheint sich widerstrebend zu erinnern. „... letzte Woche habe ich aus dem Schlafzimmer, wissen Sie, ich schlafe in der oberen Etage ..." Ebel kann sich das nur zu gut vorstellen. Reiß dich zusammen, ermahnt er sich erneut. „Sie haben eine Unterhaltung belauscht?" Er hat den Rest des Satzes nur am Rand mitbekommen. „Nicht belauscht!" Die verlegen geröteten Wangen stehen ihr gut. „Das Fenster war offen und sie haben laut gestritten. Ich hätte gar nicht weghören können." „Schon gut. Worüber haben sie denn gestritten?" „Die Frau war aufgebracht. Sie sagte, sie hätte ihren Mann verlassen, aber Zio Pierro war davon gar nicht begeistert. Sie hat mir fast leid getan. Mein Onkel hatte doch schon längst eine neue Freundin." „Ach ja?", fragt Ebel scharf. „Ja, ich kenne die Dame nicht, aber er hat in letzter Zeit oft telefoniert, tat dann sehr geheimnisvoll und ging in seinem feinsten Anzug aus, Sie wissen schon..."

Der alte Schwerenöter! Ebel denkt an das weiße Tüchlein, das adrett aus der Brusttasche des Toten herauslugte. „Aber Sie wissen nicht, wer das sein könnte?" „No." Betrübt schüttelt Antonella den Kopf. „Aber ich weiß, wer die andere Frau war." „Und...?" Gebannt hängt er an ihren Lippen. „Sonja Rebmann." Die Frau von Juwelier Rebmann ist Ebel durchaus bekannt. Eine stadtbekannte Zicke, das klingt interessant. „Haben Sie gestern Nacht etwas Ungewöhnliches bemerkt?", fragt er. „Nein, als ich die Eisdiele zugemacht habe, bin ich ins Bett gegangen, subito. Und heute Morgen war er nicht da. Dann sah ich die Polizeiwagen und eine Frau draußen sagte mir ..." Sie verstummt und fixiert mit starrem Blick die Blumen. Ebel will das Gespräch verlängern, aber ihm fällt nichts ein. Er steht auf und reicht ihr sein Kärtchen. „Danke. Ich melde mich, wenn ich noch Fragen habe. Nochmals herzliches Beileid." Ihr Handdruck ist warm und geschmeidig. Er schämt sich seiner Hände, die vom Renovieren der Dachgeschosswohnung ganz rau sind.

„Sie hatten also eine Affäre mit Pierro", beginnt Ebel offensiv das Gespräch, um Frau Rebmann den Wind aus den Segeln zu nehmen. Die Wohnung des Ehepaars ist nur wenige Häuser von der Eisdiele entfernt. „Eine Affäre! Was für eine unverschämte Unterstellung!" Mit entrüsteter Miene verschränkt sie die Arme vor der üppigen Brust. Sonja Rebmann ist nicht unattraktiv, aber für Ebels Geschmack viel zu aufgedonnert. „Mir wurde von einem Streit zwischen Ihnen und …" setzt Ebel an, doch Frau Rebmann fährt ihm empört über den Mund. „Ha! Die Nichte, dieses kleine Flittchen! Die spricht doch gar nicht genug deutsch, um einem Gespräch zu folgen, geschweige denn einen Streit zu verstehen." Ebel zieht die Brauen hoch. „Es gab also einen Streit?" Frau Rebmann schluckt. „Wissen Sie, es war so, der Pierro … der arme, arme Mann …" Ihre Augen werden feucht. Ebel ist beeindruckt.

„Was wollten Sie gerade sagen?", versucht er sie zum Thema zurückzuführen. „Ja, der Pierro ist, wie soll ich sagen? Er hat mir nachgestellt. Das ist mir schon öfter passiert, wissen Sie?" In deinen Träumen, denkt Ebel, nickt ihr aber zu. Sie soll weitersprechen. „Der Pierro war sehr hartnäckig, richtig vernarrt in mich. Sie kennen ja die Italiener … Ich habe das natürlich nicht erwidert!", fügt sie sofort hinzu und senkt verschämt den Blick. „Ich meine, wir mögen den Pierro. Jeder mag ihn. Äh, mochte ihn. Aber mein Mann und ich haben beschlossen, dass ich ihm mitteilen muss, dass das aufzuhören hat. Also habe ich ihn besucht, um ganz friedlich mit ihm zu reden, aber das Gespräch ist lauter geworden …" Ebel glaubt ihr kein Wort. „Wo waren Sie und Ihr Mann gestern Abend und heute Nacht?", unterbricht er sie.

Hat diese Frau die Kraft, Pierro in den Brunnen zu verfrachten, selbst wenn er bewusstlos war? Oder hat sie mit ihrem Mann gemeinsame Sache gemacht? „Wir waren um acht Uhr beim Bürgermeister zum Abendessen", berichtet Frau Rebmann.

„Es war sehr nett. Der Herr Direktor Kock von der Sparkasse war ebenfalls mit seiner Frau da, und wir haben vorzüglich gespeist, Wildragout mit Pfifferlingen. Und als Vorspeise gab es ..." „Danke, das genügt." Soweit wird es schon stimmen, das ist ja kinderleicht nachzuprüfen. Ebels knurrender Magen erinnert ihn daran, dass er noch kein Frühstück hatte. Es ist fast elf Uhr.

„Wann sind Sie nach Hause gegangen?" „Das muss kurz vor Mitternacht gewesen sein. Wir sind das kleine Stück gelaufen und sofort schlafen gegangen." Der vorläufige Bericht des Leichenbeschauers hat den Todeszeitpunkt auf die Zeit zwischen Mitternacht und drei Uhr morgens datiert, damit sind die beiden also noch lange nicht aus dem Schneider. „Und das ist alles? Haben Sie sonst etwas gesehen?" „Im Wohnzimmer von Pierro war noch Licht an", erklärt Frau Rebmann verschämt. „Es ist mir nur zufällig aufgefallen", fügt sie schnell hinzu.

„Danke für Ihre Zeit. Ich werde sicher noch einmal auf Sie zukommen ..." Lustlos sagt Ebel sein Sprüchlein auf.

„Wenn Sie mich fragen, sollten Sie sich mal die Nichte", mit den Fingern malt Frau Rebmann Anführungszeichen in die Luft, „näher anschauen. Der gehört doch jetzt bestimmt alles." „Ach, das ist interessant. Wissen Sie vielleicht auch etwas über Pierros neue Freundin?" Ebel kann sich den Seitenhieb nicht verkneifen und sieht mit Genugtuung, wie die Frau kreidebleich wird. Er wartet die Antwort nicht ab, als er behutsam die Haustür hinter sich schließt.

Auf der Wache steht die Tür zu Susis Büro offen. Sie tippt fleißig in den Computer. „Guten Morgen!", grüßt Ebel. „Komm rein!", ruft sie. „Du hast sicher noch nichts gefrühstückt. Hier ..." Sie schiebt ihm eine Tasse Kaffee und ein üppig belegtes Brötchen hin. „Du bist die Beste", seufzt Ebel. „Wenn du nicht schon vergeben wärst ..." „Jaja", wehrt sie lachend ab. Ebel setzt sich auf die Tischkante. „Gibt esch ewes Neuesch?", nuschelt er mit vollem Mund. Susi schüttelt den Kopf. In diesem Moment klingelt das Telefon. „Kriminalpolizei Karlsruhe Durlach." Eine kleine Pause, in der eine kräftige Stimme bis zu Ebel dringt. „Ja, ist gerade reingekommen. Einen kleinen Moment bitte!" Sie hält Ebel den Hörer hin und schneidet eine Grimasse. Ebel schluckt den Bissen herunter. „Chef?" „Guten Morgen, Oliver. Wie sieht's aus? Haben Sie Fortschritte gemacht?" „Naja, ich habe einige Zeugen und Angehörige vernommen. Der vorläufige Bericht vom Leichenbeschauer ist reingekommen. Anscheinend hat ein Schlag mit einem harten Gegenstand auf den Hinterkopf den Mann außer Gefecht gesetzt. Was weiter passiert ist, muss geklärt werden. Jedenfalls ist Fremdeinwirkung mit im Spiel." „Aha. Passen Sie auf, Oliver, ich hab nicht viel Zeit, bin im Golfclub, aber setzen Sie sich mal mit Kollege Wüst von der Organisierten Kriminalität in der Innenstadt in Verbindung. Ein italienischer Gaststättenbesitzer, da könnte doch die Mafia dahinterstecken! Melden Sie sich, wenn es etwas Neues gibt." Bevor Ebel antworten kann, hat Wunderlich schon aufgelegt. „Ist mir ein Vergnügen, Chef", spricht er in die leere Muschel.

Klar, Mafia! Ebel verdreht die Augen. Lustlos geht er zu seinem Schreibtisch und wählt Kommissar Wüsts Privatnummer. Er nimmt mit Bedauern zur Kenntnis, dass dieser zu Hause und entzückt ist, ihm detaillierte Informationen zur organisierten Kriminalität in Karlsruhe zu geben. Erschöpft bedankt sich Ebel nach einer Dreiviertelstunde für die Auskünfte und legt seufzend auf. Noch mehr Fährten, denen er nachgehen muss!

Er beschließt, noch einmal mit Antonella Albighieri zu sprechen. Immerhin gibt es neue Fragen. Beim Hinausgehen fällt sein Blick auf die Toilettentür mit dem Frauensymbol. Verstohlen schaut er sich um, ob Susi zu sehen ist. Die Luft scheint rein. Er öffnet die Tür und schlüpft in den Raum. Er hat Glück: Ein voller Spender Handcreme steht neben dem Waschbecken. Er drückt den Hebel zweimal herunter und massiert die beträchtliche Masse Creme in seine Hände ein. Fruchtiger Duft erfüllt die Luft, gleichzeitig wird seine Haut immer glitschiger, je mehr er die Hände aneinander reibt. Beim Hinausgehen rutscht er vom Türgriff ab und die Tür knallt zu. „Bist du das, Oli?" ertönt Susis Stimme aus ihrem Büro. „Ja, ich muss nochmal weg." „Warte. Ich hab gerade ein Fax von der Spusi bekommen. Sie haben Fingerabdrücke auf einigen Flaschen gefunden, scheinen nicht im System zu sein." Mit einem Blatt in der Hand tritt sie aus der Tür. „Was riecht denn hier so komisch?", fragt sie. „Keine Ahnung. Bis gleich!" Mit glitschigen Fingern entreißt ihr Ebel das Fax und ergreift die Flucht.

Ebels Herz klopft heftig, als er klingelt. Antonella öffnet ihm. „Es tut mir leid, dass ich Sie wieder belästige. Aber ich habe noch ein paar Fragen." Keine Antwort. Was hat er erwartet? Antonella tritt zur Seite, um ihn hereinzulassen. Sie schnuppert. „Was riecht denn hier so?" „Äh...", Ebel räuspert sich, „... ja, also, könnte Ihr Onkel Kontakte zur Mafia gehabt haben?" „Zio Pierro?" Ihr Gesicht ist ungläubig. „Das ist ridicoloso. Er hat die Camorra gehasst, sie haben schon seinen Vater aus Neapel vertrieben. Er hätte sich auf jeden Fall gewehrt!" Entschieden schüttelt sie den Kopf. „Sind Sie einverstanden, wenn wir uns in der Wohnung und in der Eisdiele umschauen? Ich meine, wir können auch einen Durchsuchungsbeschluss beantragen ..." „Nein, machen Sie nur." Antonellas Tonfall ist verächtlich, und sie blickt in die Luft.

In der Wohnung findet er Kontoauszüge, aus denen hervorgeht, dass Pierro offenbar regelmäßig auf ein italienisches Konto eingezahlt hat. Eine kleine Schublade im Sekretär mit Briefen verschiedener Damen kündet von einem regen Liebesleben. Ansonsten fällt ihm nichts Ungewöhnliches auf. Nun steht Ebel im angenehm kühlen, aufgeräumten Keller unter der Eisdiele vor einer ausrangierten Eistheke. Mit den Fingern fährt er nachdenklich über die dünne Staubschicht. Angeblich setzt die kalabrische Mafia hier in großem Umfang Markenplagiate um. Maschinen? Ebels Blick wandert durch den gefüllten Kellerraum. Unter der Treppe neben einer Schneeschippe stehen zwei Kartons. Er versucht die Kisten anzuheben. Voll! Er öffnet beide mit seinem Taschenmesser. Nagelneue Stromgeneratoren. Verdammt! Das hätte Ebel nicht erwartet. Diesen Fund wird er Wüst melden müssen. Und weitersuchen ist angesagt. Der Chef wird hocherfreut sein. Im Geiste hört er bereits sein „Sehen Sie, habe ich es nicht gleich gesagt ..."

„Frau Albighieri", beginnt Ebel fünf Minuten später, „im Keller habe ich zwei neue Generatoren gefunden. Wir müssen die erst einmal mitnehmen. Wissen Sie etwas darüber?" „Generatoren? Tatsächlich?" Augenblicklich steigen ihr Tränen in die Augen. Ebel hätte sie gerne getröstet. Er greift nach der

Packung Taschentücher in seiner Hosentasche und reicht sie Antonella. „Ach, er war so lieb", schluchzt sie, während ihre Faust ein Taschentuch zerknüllt. „In unserem Dorf in Italien fällt regelmäßig der Strom aus. Jetzt hat er doch noch Generatoren besorgt." Ratlos kratzt sich Ebel am Kopf.

Jetzt eine Dusche und ein kühles Bier, denkt er, als er am Abend verschwitzt und müde seine Wohnung betritt. Sein Blick fällt auf eine Kiste, die vorwurfsvoll hinter der Tür hervorlugt. „Mist!", entfährt es ihm. Er hat seiner Oma einen elektrischen Ventilator besorgt und hoch und heilig versprochen, ihn heute vorbeizubringen. Seufzend schnappt er ihn sich. Im Hinausgehen wirft er dem Kühlschrank durch die offene Küchentür einen letzten, schmachtenden Blick zu.

Die dünnen, weißen Haare seiner Großmutter wehen wild in der Brise, als sie ihren Kopf glücklich lächelnd dem Ventilator zuwendet. „Ahhh!", seufzt sie. „Heute werde ich vielleicht endlich mal schlafen können." Ebel muss zugeben, dass es in der Wohnung unerträglich stickig ist. Seine Oma, die den Fall Pierro aufmerksam im Radio verfolgt, hat ihm bereits Löcher in den Bauch gefragt. „Der arme, arme Pierro!", sagt sie jetzt. „Die Eisdiele gab es schon, als ich eine junge Frau war. Guck nicht so, ich war auch mal jung." Sie grinst schelmisch. „Damals hat Pierros Vater den Laden geführt, Gott hab ihn selig. Der Pierro war noch ein Junge. Und jetzt gibt es kein Eis bei dieser Hitze." Ebel kennt die Vorliebe seiner Großmutter für einen Krokantbecher mit extra Sahne. „Solange ich denken kann, war Pierros Laden nur ein einziges Mal geschlossen. Damals hat ihn jemand angezeigt, er hätte schlechtes Eis verkauft. Jemand aus seiner Familie wäre krank geworden, wegen dieser Bakterien ..." „Salmonellen?", fragt Ebel. Die Oma nickt „Das Gesundheitsamt war da und hat die Eisdiele geschlossen und den armen Pierro auseinandergenommen." Sie wendet ihr Gesicht dem Ventilator zu und seufzt erneut. Sie sieht müde aus, findet Ebel. Genauso wie er selbst.

Das einzig Gute, denkt er, während er an seinem Schreibtisch in der prallen Sonne des Montagvormittags brät, war die angenehme Kühle im Obduktionsraum. Ebel hasst Obduktionen, und etwas Neues hat sich auch nicht ergeben. Pierro ist mit einem Gegenstand niedergeschlagen worden, der vom Nudelholz bis zur Atombombe vorerst alles sein könnte. Und dann hat man ihn solange im Brunnen unter Wasser gedrückt, bis er ertrunken ist. Ebel hat die eine Hälfte der uniformierten Kollegen auf die unbekannte Verehrerin angesetzt, die andere Hälfte auf die Tatwaffe. Heute Nachmittag würde er noch einmal das Ehepaar Rebmann ins Revier zitieren. Jetzt muss er sich mit den Mafiageschichten auseinandersetzen. Die Zahlungen nach Italien von Pierros Konto sind schon mal eine Sackgasse. Ein Besuch bei der Bank hat ergeben, dass Pierro ein Konto für Antonella eingerichtet hat, wahrscheinlich für ihre Aussteuer. Bei dem Gedanken an sie fühlt Ebel sich rastlos. Alle Spuren, die er noch zu verfolgen hat, erscheinen ihm wenig vielversprechend. Was hat er übersehen? Er überlegt, ob es einen Grund gibt, Antonella aufzusuchen. Dabei fällt sein Blick auf seine Hände, die er gedankenverloren reibt. Ein bisschen weicher sind sie schon geworden. Er steht auf. Eben ist auf dem Flur noch reger Betrieb gewesen, aber jetzt …

Mit schnellen Schritten überquert er den Durchgang und öffnet die Tür zur Damentoilette. Ein verstohlener Blick, aber die Türschlösser sind auf weiß gedreht, alle Kabinen offenbar leer. „Oli? Ja, sag einmal! Was machst denn du hier?" Gerade als er sich reichlich Creme auf den Händen verteilt, tritt Susi aus einer Toilette. Ebel spürt, wie er rot anläuft und hält die Finger verlegen vor sich in die Luft. „Das Türschloss ist kaputt." Susi weist mit dem Kopf in Richtung Kabine. „Hab ich da etwa den Herrn Kommissar in flagranti beim Cremeklau erwischt? Nicht, dass ich dich nicht schon seit geraumer Zeit im Verdacht gehabt hätte." „Äh …", macht Ebel. „Aha, dacht ich's mir doch, du machst von deinem Recht auf Aussageverweigerung Gebrauch." Susi grinst über das ganze Gesicht. „Na, wollen wir mal nicht so sein. Hier", sie hält ihm den Spender hin, „ich schenk dir die Creme. Aber jetzt raus hier, bevor noch eine Kollegin reinkommt und dich wegen sexueller Belästigung verklagt!"

Auf dem Flur kommt Ebel plötzlich ein Gedanke. „Susi, erinnerst du dich daran, dass Pierro vor ein paar Jahren mal wegen Verdacht auf Salmonellen angezeigt wurde?" Susi verdreht die

Augen. „Und ob, dieser Spinner! Rau hieß der Typ. Hat zigmal hier angerufen, als das Gesundheitsamt nichts gefunden hat und hätte Pierro am liebsten auch das Kennedy-Attentat von 1963 angehängt ...“ Scheinbar hat sie seinen interessierten Blick bemerkt. Sie hält inne und nickt langsam. „Ich verstehe! Da hol ich dir wohl am besten mal die Akte.“ „Dank dir, Susi!“, und immer noch verlegen grinsend hält Ebel die Creme hoch, „für alles!“

Eine Stunde später ist Ebel im Bild. Laut Unterlagen ist dieser Rau wirklich eine Nervensäge gewesen. Im Juni 2006 war er mit seiner Frau bei Pierro zum Eisessen. Anschließend erkrankte die Frau an Salmonellen. Zuerst alarmierte Rau das Gesundheitsamt, das allerdings seinen Verdacht nicht bestätigte. Dann kamen die Anrufe bei der Polizei, warum keiner etwas gegen den Eisdielenbesitzer unternehme. „Hier nannte man ihn schon den Eisdielen-Nazi und lachte ihn aus“, erinnert sich Susi. „Wenn ich mich nicht täusche, ist die Frau vorKurzem gestorben. Armes Schwein, der!“ Ebel schiebt die Akte weg. Ihm läuft der Schweiß den Rücken herunter und sein Hemd klebt an ihm. „Weißt du was?“ Mühsam erhebt er sich. „Ich gehe dem Herrn Rau einen Besuch abstatten. Hier drin ist es mir sowieso viel zu heiß. Da kann ja keiner mehr klar denken.“

Die Straße hinunter flimmert der Turm der Peter-und-Paul-Kirche in der Hitze. Zweimal schon hat Ebel die unterste Klingel des heruntergekommenen Mietshauses gedrückt, aber niemand öffnet. Er tritt einen Schritt zur Seite, in den Schatten des Hausvorsprungs. Sein Blick fällt durch das schmutzige Fenster in ein spärlich möbliertes Wohnzimmer. Dann reißt er die Augen auf. „Scheiße!“, entfährt es ihm, und er zückt mit der einen Hand sein Handy, während er mit der anderen alle Klingelknöpfe am Hauseingang hektisch drückt.

Ebel hockt neben dem abgenutzten Ohrensessel. Zu beiden Seiten hat das Blut aus den aufgeschnittenen Handgelenken dunkle Seen auf dem Teppich gebildet. Nachdem Ebel noch einen ganz schwachen Puls festgestellt hat, ist Rau direkt vom Notarzt ins Städtische Klinikum abtransportiert worden. Inzwischen wimmelt es in den Räumen von Polizeibeamten. Der Blutgeruch in der Hitze ist betäubend. „Hier, Oli!“ Dennig hält ihm einen dunkelverschmierten Vorschlaghammer hin. „Den häma hinterm Schrank gefunne." Ebel nickt und sieht sich in dem traurigen Raum um. „Tja, ich schätze, Dieter, das war's dann wohl." Ebel steht auf. „Dann werde ich mal ins Krankenhaus fahren und warten, dass Rau mir seine Geschichte erzählt."

Die beiden freien Tage haben ihm gut getan. Das Gewitter der letzten Nacht hat die Luft gereinigt, und man kann wieder atmen. Beschwingt überquert Ebel den Marktplatz und lächelt dem geschmiedeten Liebespaar über dem Brunnen zu. Bevor er die Tür aufdrückt, wischt er sich die gecremten Hände kurz an der Jeans ab. Ein Glöckchen kündigt ihn an. Auf Antonellas Gesicht hinter der Theke erscheinen entzückende Grübchen, als sie ihn anlächelt. „Signore Commissario … Welche Freude! Ich hatte noch gar keine Gelegenheit, mich zu bedanken, dass Sie den Fall so schnell gelöst haben. Aber was hat diesen Mann denn nur dazu getrieben, meinen armen Onkel …", die Grübchen verschwinden und in ihren Augen schimmern Tränen. Also beginnt Ebel zu berichten. Von dem jungen Ehepaar Rau, das voll Vorfreude auf ihr Baby eines Sonntags Eisessen ging. Von Frau Rau, die kurz darauf an Salmonellen erkrankte und eine Fehlgeburt hatte. Von den anschließenden Depressionen, die es der Frau unmöglich machten, noch einen Schritt vor die Tür zu setzen. Von Herrn Rau, der seinen Job bei der Versicherung verlor, weil er sich um seine Frau kümmern musste, die dann letztendlich diesen Sommer starb. Antonella schüttelt traurig den Kopf. „Aber was kann denn Zio Pierro dafür?" „Ich weiß", sagt Ebel mitfühlend, „das ist schwer zu verstehen. Aber er hielt das angeblich schlechte Eis für den Auslöser all seines Unglücks. Er brauchte einen Sündenbock. Unerträglich für ihn, dass Pierro glücklich Tag für Tag weiterlebte, während sein ganzes Leben vor die Hunde ging. Also hat er Ihrem Onkel an der Eisdiele aufgelauert und ist ihm bis zum Brunnen gefolgt, wo er ihn dann …" Ebel unterbricht sich. „Jedenfalls glaubte er, seine Frau nun gerächt zu haben und wollte in Frieden sterben." Beide schweigen. „Herr Kommissar, darf ich Sie zu einem Eis einladen, oder vielleicht lieber zu einer heißen Tasse Kaffee?", bricht Antonella als erste die Stille. Heiß wird es Ebel in diesem

Moment von selbst. „Ich äh … Ich wollte eigentlich … Ach, nennen Sie mich doch Oliver. Ich wollte Sie fragen …" Antonella unterbricht ihn: „Ja, Oliver, ich gehe sehr gerne mit Ihnen essen", und die Grübchen sind wieder da.

Ausgetrickst

Nur noch zehn Kilometer bis Karlsruhe. Der Intercity schoss durch die Landschaft. Lars saß neben einem alten Mann, dessen Kinn im Schlaf die Brust berührte und der leise Schnarchlaute von sich gab. Aus den Augenwinkeln erkannte er den Schaffner, der das Abteil betrat, um die Fahrkarten zu kontrollieren.

Scheiße! Nicht schon wieder!

So kurz vor dem Ziel bloß keine Anzeige wegen Schwarzfahrens riskieren. Seit er am Morgen in Dortmund losgefahren war, musste er mindestens zehn Mal umgestiegen sein, um nicht ohne Ticket aufzufallen. Lars stand langsam auf und drehte sich unauffällig in die entgegengesetzte Richtung. Wenn er sich recht erinnerte, kam nach dem Abteil die Toilette. Die letzten Kilometer bis Karlsruhe müssten in dem stinkenden Kabuff auszuhalten sein. Er steckte seine Hände in die tiefen Taschen seiner Schlabberjeans, senkte den Kopf und ging zielstrebig durch den Mittelgang. Sein Herzschlag beschleunigte sich. Er spürte die Blicke des Schaffners auf seinem Rücken und zwang sich, nicht zu rennen.

„Hey! Sie da!"

Die Stimme des Schaffners ließ Lars stoppen. Langsam drehte er sich um. Der Bahnangestellte sah ihn streng an und hielt ihm seinen Rucksack entgegen. „Sie sollten auf ihre Habseligkeiten besser aufpassen, junger Mann. Fahrkarte?"

Lars schluckte, merkte, wie ihm das Blut in den Kopf schoss. „Danke", murmelte er und griff nach dem Rucksack. „Tut mir leid. Magenschmerzen." Er krümmte sich und bemühte sich um einen schmerzhaften Gesichtsausdruck. „Muss dringend aufs Klo."

Der Uniformierte nickte. „Ich komme gleich zu Ihnen." Dann weckte er behutsam den Alten, um dessen Fahrkarte zu kontrollieren.

Lars atmete auf und verzog sich auf die Toilette. Fünf Minuten später hielt der Intercity in Karlsruhe und Lars hastete aus dem Zug auf den Bahnsteig. Ohne sich umzusehen, rannte er in eine moderne Empfangshalle mit gewölbtem Glasdach und stoppte erst, als er das Bahnhofsgebäude durch den Haupteingang verlassen hatte. Er sah sich um, musste dringend für Mobilität sorgen. Sein Blick blieb an einem Laternenpfahl haften, an dem ein Mountainbike mit einem einfachen Spiralkabelschloss gesichert stand. Er brauchte weniger als fünf Sekunden, um es zu knacken.

Der Oktober zeigte sich mit einem lauen Altweibersommer von seiner besten Seite, als Lars auf dem geklauten Fahrrad vom Bahnhof Richtung Norden radelte. Zwischen hupenden und stinkenden Autos sprintete er am Stadtgarten vorbei, umfuhr einige Baustellen und erreichte kurz darauf den Innenstadtring. Das Karlsruher Schloss thronte imposant im Herzen der Stadt. Sein Ziel lag am Rande des Schlossgartens, wo sich der botanische Garten anschloss. Gut, dass er sich in dieser Stadt ansatzweise auskannte. Lars trat kräftiger in die Pedale. Durch die ständige Umsteigerei von einem Zug in den nächsten war er spät dran. Sein Herz pochte ihm wild gegen die Brust. Kleine Schweißperlen bildeten sich auf seiner Stirn. Die Sonne stand tief, gleich würde die Dämmerung einsetzen. Um keinen Preis durfte er seinen Termin verpassen. Außerdem wollte er heute noch die Stelle sehen, an der sein Bruder Paul zu Tode gekommen war. Wo ihn irgend so ein Arsch kaltblütig mit einer Kugel ins Jenseits befördert hatte. Sein Hals schnürte sich zusammen, nahm ihm die Luft zum Atmen, als er an Paul dachte.

Paul. Sein kleiner Bruder. Ein strebsamer, willensstarker Student, der seinen Weg bis an die Uni Karlsruhe gefunden hatte. Und jetzt war er tot. Einfach nicht mehr da.

Seit dem Autounfall der Eltern vor fünf Jahren, bei dem jede Hilfe zu spät gekommen war, fühlte Lars sich für den Kleinen verantwortlich, auch wenn Paul vor zwei Wochen seinen zwanzigsten Geburtstag gefeiert hatte. Eine große Sause zu Hause. Mit alten Kumpels von Lars und Paul in der kleinen Zweizimmerwohnung, die Lars seit Pauls Auszug allein im Dortmunder Norden unterhielt. Es war ihm suspekt gewesen, dass sein kleiner Bruder ausgerechnet in Karlsruhe studieren wollte. Ingenieurswesen an der Uni für Technik und Wirtschaft, angeblich der besten Uni in diesem Fachbereich deutschlandweit. Aber so weit weg von Dortmund. So sahen sich die Brüder nur noch am Wochenende. Unter der Woche wohnte Paul für kleines Geld in einer Sechsmann-WG.

Lars hatte das Zentrum Karlsruhes nun erreicht und schob das Fahrrad auf ein großes Torhaus zu, das von zwei Türmen flankiert wurde. Bevor er den Torbogen betrat, stellte er sein Rad achtlos am Rande des Torhauses ab. Seine letzten fünf Euro investierte er in eine Kombikarte für Kunsthalle und botanischen Garten. Dann empfing ihn Botanik vom Feinsten. Saftig grüne Wiesen, gesäumt von Palmen, ein rund angelegter Seerosenteich mit Steinfiguren, die auf einem wasserspeienden Fisch spielten, und zahlreiche Gewächshäuser. Lars hatte für Idylle keinen Sinn. Er steuerte gezielt auf den Wintergarten zu, der auf ihn wie ein geplündertes Stahlgerüst wirkte, da das Glas völlig fehlte. Davor stand die Statue. Eine von vier in Stein gehauenen Sphinxnachbildungen, die das Gebäude bewachen sollten. Lars ging daneben in die Hocke und versank in Gedanken.

Hier war es passiert. Ein gezielter Schuss ins Herz beförderte seinen Bruder in Sekundenschnelle ins Jenseits. Lars rieb sich die aufkommenden Tränen aus den Augen. Warum war der Kleine so weit gegangen? Gelegentlicher Taschendiebstahl gegen die chronische Studentenarmut – okay, aber Erpressung? Lars schloss die Augen und stellte sich vor, was vor genau einer Woche passiert sein musste.

An jenem Tag regnete es in Strömen. Deshalb konnte die Kripo am nächsten Tag kaum Spuren finden. Paul hatte sich mit seinem Mörder an der Sphinxfigur vor dem Wintergarten getroffen. Punkt Mitternacht war er in den Park geschlichen. Keine Menschenseele hielt sich in der Nacht im botanischen Garten auf. Paul bewahrte die delikaten Bilder samt Kamera vermutlich in der Brusttasche seiner weißen Windjacke auf, mit der er nachts die perfekte Zielscheibe abgab. Wenig später traf Paul auf seinen Mörder. Anstatt die geforderten Hunderttausend abzuliefern, schoss man seinem Bruder eine Kugel in die

Brust, entwendete ihm Fotos und Kamera.

Aber mit einem hatte der Killer nicht gerechnet. Einen Tag nach Pauls Tod brachte der Briefträger Lars einen Umschlag mit einer CD als Inhalt. Er musste den Brief kurz vor dem Treffen abgeschickt haben, denn die krakelige Aufschrift „Nur zur Sicherheit" war verschmiert. Lars versuchte Paul anzurufen, denn da ahnte er ja noch nichts von seinem Tod. Davon erfuhr er später am Tag von einem Kripobeamten.

Die Sichtung der CD erwies sich als aufschlussreich. Die ersten Fotos zeigten einen Garten mit Teich, Liegewiese, Strandkörben und einer überdachten Terrasse mit Teakholzmöbeln. Dann kamen interessante Bilder. Ein grauhaariger Dickbauch und ein muskulöser südländischer Jüngling beim Sex. Mit wenigen Computerklicks fand Lars heraus, dass es sich bei dem älteren Mann um einen hohen Politiker, nämlich um den stellvertretenden Bürgermeister von Karlsruhe, Hugo Menninger, handelte. Er betrog seine Ehefrau Lisa mit dem Profifußballer vom KSC Abdul Atamim. Lars bekam immer noch Herzklopfen, wenn er daran dachte, welch dicken Fisch sein Bruder da an Land gezogen hatte. Eines schwor er sich: Er würde die Sache zu Ende bringen. Für Paul.

Angeleiert hatte Lars die Angelegenheit schon von Dortmund aus. Zwar hatte er nur mit der Sekretärin von Hugo Menninger telefoniert und das Thema ziemlich vage halten müssen, aber schließlich wurde das Treffen am heutigen Tag für achtzehn Uhr festgesetzt. Im Restaurant des Wintergartens vom botanischen Garten.

Als Lars aus der Ferne eine Kirchturmglocke sechsmal schlagen hörte, schob er sich aus der Hocke in die Höhe und trat zwischen den Sphinxstatuen durch den Wintergarten in das Restaurant. Er sah festlich gedeckte Tische, die höchstens zur Hälfte besetzt waren. Einen einzelnen Mann, den er als den stellvertretenden Bürgermeister hätte identifizieren können, sah er nicht. Lediglich eine blonde Frau mit Pagenschnitt lächelte ihn an.

„Guten Abend junger Mann!"

„N'abend!", stotterte Lars unsicher und spürte eine peinliche Röte sein Gesicht verdunkeln. Quatschte ihn die Tussi jetzt zufällig an oder kam sie im Auftrag des Politheinis mit dessen Schotter?

„Haben Sie etwas für mich?", hörte er ihre seidige Stimme, wobei das dämliche Grinsen nicht aus ihrem Gesicht wich. „Ich denke, wir sind verabredet. Mein Name ist Svenja Tönjes. Ich bin die Sekretärin des stellvertretenden Bürgermeisters. Ich soll Ihnen einen Umschlag geben und Sie mir ebenfalls."

Lars starrte sie mit offenem Mund an. Schickte der Politiker seine Tippse, um seinen Erpresser zu bedienen? Überschätzte er da nicht die Loyalität seiner Mitarbeiterin? Oder wusste die nicht, worum es ging? Lars zog langsam einen Umschlag mit ausgedruckten Fotos aus seinem Rucksack. Er zögerte kurz und sah die Tönjes mit festem Blick an und sagte: „Bevor Sie mein Material erhalten, möchte ich den Inhalt Ihres Umschlags überprüfen."

Svenja Tönjes reichte ihm ein dickes weißes Kuvert.

Lars warf einen Blick hinein. Hunderttausend Euro! Sein Herzschlag beschleunigte sich. Konnte das so einfach sein? Hatte Menninger mit dem Kicker zusammengeschmissen? Aber eigentlich ging es Lars nicht ums Geld. Vorrangig galt es, den Mörder seines Bruders dranzukriegen. Diesen Arsch, der Paul abgeknallt hatte. Ihm war jetzt völlig egal, ob die Tussi nur eine ahnungslose Botin spielte, oder ob sie in die Angelegenheit involviert war.

„Hier sind die Fotos! Sie können Ihrem Chef ausrichten, die Sicherungs-CD händige ich ihm nur persönlich aus. Und weil ich mich noch einmal bemühen muss, kostet das Ihren Vorgesetzten ..." Lars rieb sich nachdenklich das Kinn. „Sagen wir – letztmalig zwanzigtausend Euro."

Die Freundlichkeit verschwand aus dem Gesicht der Blonden, als habe sie eine Maske abgelegt. Sie stopfte die Fotos in ihre Handtasche und nippte an einem Glas Mineralwasser. Dann fixierte sie Lars mit stechenden Augen.

„Also gut! Zwanzigtausend für die CD! Aber dieses Mal bestimme ich Zeit und Ort des Treffpunkts!"

Lars war so überrascht über die spontane Kooperation, dass er abrupt nickte. Der Menninger musste ja uneingeschränktes Vertrauen zu seiner Sekretärin haben.

Die Stimme von Svenja Tönjes hatte jetzt nichts Seidiges mehr, sondern schnitt scharf wie ein Rasiermesser durch die Luft. „Heute um Mitternacht am Wildparkstadion! Haupteingang! Und seien Sie pünktlich!"

Innerhalb weniger Stunden war der Altweibersommer nasskaltem Herbstwetter gewichen. Ein Gewitter ließ die Temperatur bis auf sechs Grad fallen. Ein schäbiger Herbstwind fegte Lars um die Ohren, als er seinen Drahtesel von der Stadtmitte nördlich durch ein Waldgebiet zum Fußballstadion des Karlsruher SCs lenkte. Das Stadion war der Mittelpunkt einer Anlage aus mehreren Sport- und Übungsplätzen, einer Tennisanlage und weiterer Sportstätten im Karlsruher Hardtwald.

Es dauerte eine Weile, ehe Lars den Weg zum Haupteingang des Stadions fand, da das Gelände in der Nacht nur spärlich beleuchtet war. Endlich, zehn Minuten vor der vereinbarten Zeit schob er das Rad unter ein Vordach der vergitterten Eingangstore, drückte sich in einer Ecke in die Hocke, winkelte die Knie an und schlang seine Arme darum. Jeder Atemzug trieb kleine Rauchwölkchen aus seinem Mund, die wie Nebelschwaden über den nassen Asphalt waberten. Lars holte tief Luft. Er sah über den leeren Parkplatz, auf dem nur zwei verwaiste Transporter abgestellt waren. Nun wurde ihm doch etwas mulmig. Was, wenn Menninger kurzen Prozess machte und ihn von einem Scharfschützen aus der Ferne abknallen ließ? Wie mochte er reagiert haben, als seine Sekretärin ihm von der neuerlichen Forderung in Kenntnis gesetzt hatte? Vielleicht war er ausgerastet! Vielleicht hatte er die Blonde bereits ins Jenseits befördert und lauerte nun auf einen geeigneten Moment, auch ihm die Luft auszuhauchen? Möglicherweise hatte der arabische Lover des Bürgermeisters Connections zu Auftragskillern! Auf einen Mord mehr oder weniger sollte es den Turteltäubchen nicht ankommen, um ihr süßes Geheimnis zu wahren. Lars hatte sich zwar abgesichert. Dennoch war das Risiko nicht zu unterschätzen. Er rieb sich die Hände und blickte auf seine Armbanduhr. Noch fünf Minuten bis Mitternacht.

Pünktlich zur Geisterstunde näherten sich zwei Scheinwerfer dem Parkplatz. Ein VW-Golf hielt mit quietschenden Reifen in einer Parkbucht in der Nähe der Eingangstore. Eine Gestalt mit langem Mantel und tief ins Gesicht gezogener Kapuze näherte sich. Lars schätzte die Person auf einen Meter siebzig, nicht größer. Der schlanken Statur nach handelte es sich um eine Frau, auf keinen Fall jedoch um den stellvertretenden Bürgermeister, der seinen dicken Bauch kaum unter dem Mantel hätte verbergen können. In seinem Innern machte sich Wut breit. So ernst nahm man ihn also! Lars krampfte seine Fingernägel schmerzhaft in die Handflächen. Er drückte sich aus der Hocke hoch und trat zwei Schritte vor.

Die Gestalt hob schweigend den Kopf. Er erkannte die blonde Sekretärin. „Wo ist Hugo Menninger? Ich habe Ihnen doch deutlich gesagt, ich gebe ihm die CD nur persönlich."

Die Mundwinkel von Svenja Tönjes hoben sich zu einem herablassenden Grinsen. „Du hast keine Ahnung, was Junge?" Sie schob ihre rechte Hand langsam in die Innentasche ihres Mantels. Plötzlich ruckte ihr Arm hervor und sie zielte mit einer Pistole auf ihn. Die Waffe richtete sich auf Lars Brust. Der Abstand betrug höchstens fünfzig Zentimeter. Ihm brach der Schweiß aus.

„Los! Her mit der CD!"

Lars wagte keine Zicken. Er griff in die Innentasche seiner Jacke und übergab der Bürokraft einen braunen Umschlag. Sie riss ihn mit den Zähnen auf, entnahm die CD samt Hülle und ließ das Papier achtlos auf den Boden fallen.

„Sonstige Kopien?"

Lars schüttelte nur den Kopf.

„Dieser andere Junge – er sah dir ähnlich – war er dein Bruder?" Der böige Wind wehte ihr eine Haarsträhne ins Gesicht, die sie unmutig hinter die Ohren schob. „Der miese kleine Dieb hat meine Digitalkamera geklaut. Als ich von einem auswärtigen Meeting am Hauptbahnhof ankam. Danach versuchte er tatsächlich, den Menninger zu erpressen. Glücklicherweise öffne ich die Post für meinen Chef. Dein Bruder hat wirklich Pech gehabt. Er konnte ja nicht wissen, dass Hugo Menninger für diese delikaten Bilder bereits bezahlt hatte."

Lars blickte die Tippse verständnislos an. „Was wollen Sie damit sagen?"

„Ist doch nicht so schwer zu verstehen, oder? Die Kamera gehört mir. Was glaubst du wohl, wer die Bilder gemacht hat?" Sie lächelte. „Genau. Ich habe meinen Chef Hugo Menninger erpresst. Ihn um hunderttausend Euro erleichtert, die er aus irgendwelchen Schwarzgeldgeschäften gezahlt hat, und dein kleiner Bruder lacht sich darüber schlapp, als er es kapiert. Ich solle ihm einfach das erpresste Geld übergeben. Sei doch ganz easy. Als ob ich mich darauf hätte einlassen können. Mir blieb keine andere Wahl, als ihn zu erschießen."

Langsam dämmerte es Lars. Svenja Tönjes durfte nicht riskieren aufzufliegen. Natürlich wollte sie sich weder erpressen lassen, noch im Knast landen. Eines verstand er trotzdem nicht. „Warum haben Sie sich mit mir getroffen? Ich konnte schließlich nicht wissen, dass Sie hinter der Erpressung stecken. Es hätte Ihnen doch egal sein können, wenn Ihr Chef noch einmal zahlen muss."

Sie schüttelte langsam mit dem Kopf. „Hugo Menninger hatte keine Ahnung, wer ihn beim ersten Mal erpresst hat. Ich habe mich nie auf ein Treffen eingelassen. Es lief alles über ein Schließfach. Die Fotos hätten mich verraten können. Auf der Digitalkamera befanden sich Bilder von meinem Garten. Es hätte nicht lang gedauert, bis man mir auf die Schliche gekommen wäre." Sie lachte abschätzig. „Der Garten soll mir zum Verhängnis werden. Erst übersteigt er meine finanziellen Mittel, sodass ich auf die Idee komme, den Menninger zu erpressen, dann führen die Fotos meines kleinen Paradieses auf meine Spur."

Einen Moment vergaß Lars die Waffe vor sich. „Warum haben Sie nicht versucht, mich bei unserer ersten Begegnung zu erschießen?"

Statt einer Antwort, entsicherte Svenja Tönjes die Pistole. Ihre Augen blickten kalt wie Eiskristalle. „Wollte ich Junge. Gleich, nachdem ich mein Wasser gezahlt hatte, bin ich dir gefolgt. Im botanischen Garten war zu viel Publikum. Danach schobst du dein Rad ziellos durch die Stadt. Mein Gott, wie lange du das Schloss angestarrt hast! Dann standest du bestimmt zwanzig Minuten vor der Pyramide am Marktplatz. Die Inschrift auf der Gedenktafel kannst du gewiss auswendig, was?"

Tatsächlich sah Lars augenblicklich die goldenen Lettern des über sechs Meter hohen Monuments vor sich. „Hier, wo Markgraf Carl, einst im Schatten des Hartwaldes Ruhe suchte und die Stadt sich erbaute, die seinen Namen bewahrt, auf der Stätte, wo er die letzte Ruhe fand, weiht ihm dies Denkmal, das seine Asche verschließt in dankbarer Erinnerung. Ludwig Wilhelm August Großherzog 1823"

„Schließlich stiegst du aufs Rad und ich verlor dich aus den Augen. Vertan die Gelegenheit zum gezielten Schuss. Das sieht jetzt besser aus, oder? Geduld ist die Mutter der Porzellankiste." Sie legte ihre zweite Hand an die Waffe. „Zeit für dich zu sterben, Süßer."

Der Schuss knallte wie eine Detonation durch die Nacht. Die Kugel traf ihn an der Brust und warf ihn mit höllischem Schmerz gegen die vergitterten Eingangstore. Versenkt, dachte Lars noch. Wie der Ball im Netz des KSC. Dann sank er zu Boden und Dunkelheit umgab ihn.

Am nächsten Tag saß Lars Kriminalhauptkommissar Hoffmann im Karlsruher Kriminalkommissariat gegenüber. „Tja", begann der Beamte. „Was mach ich bloß mit Ihnen?" Er rückte seine Brille zurecht und blätterte in seinen Unterlagen. Endlich blickte er auf. „Sie können von Glück sagen, dass Sie sich an die Polizei gewandt haben. Die schusssichere Weste hat Ihnen das Leben gerettet. Dank Ihrer Mithilfe konnten wir Svenja Tönjes als Mörderin Ihres Bruders überführen." Er zog gedankenverloren an seinem Ohrläppchen. „Wenn da nicht dieser Widerspruch wäre. Sie behaupten, von ihr fünfzigtausend Euro erhalten zu haben. Frau Tönjes spricht von der doppelten Summe." Hoffmann trommelte nervös mit seinen Fingern auf den Schreibtisch. „Ganz abgesehen davon haben Sie sich einer erpresserischen Handlung strafbar gemacht."

Lars bemühte sich, ein ehrliches Gesicht zu machen. Sein Entschluss sich an die Polizei zu wenden, war goldrichtig gewesen. Die Beamten waren nach dem Schuss der Tönjes sofort aus den beiden Transportern gestürmt und hatten die Sekretärin des stellvertretenden Bürgermeisters überwältigt. „Immerhin habe ich Ihnen das Lösegeld ausgehändigt, Herr Kommissar."

Der Polizist verzog keine Miene. Unmöglich aus seinem Gesichtsausdruck zu lesen. Er ließ Lars nicht aus den Augen. „So viele Widersprüche, junger Mann. Hugo Menninger behauptet, er habe sich nicht erpressen lassen und nie gezahlt. Somit ist schwer nachzuweisen, welchen Betrag Sie erhielten." Kommissar Hoffmann lehnte sich zurück und lächelte. „Scheint so, als gäbe es keinen triftigen Grund, Sie hier länger festzuhalten. Die Leiche Ihres Bruders wurde freigegeben. Sie dürfen ihn nach Dortmund überführen lassen." Sein Lächeln wurde breiter. „Ich denke mal, die Beerdigungskosten werden Sie irgendwie berappen, nicht wahr?"

Lars stand auf, zog den Reißverschluss seiner Jacke zu und setzte seinen Rucksack auf. Dann lächelte er Hoffmann freundlich an. „Mein Bruder wird ein anständiges Begräbnis bekommen. Das verspreche ich Ihnen." Als er das Büro lächelnd verließ, dachte er: „Und ein ordentlicher Grabstein von den im Schließfach vom Karlsruher Hauptbahnhof gebunkerten fünfzigtausend Euro liegt auch noch im Budget."

KurzBiografien
der Autorinnen und Autoren

ROBERT ALLEGRO
geboren 1959 in Bruchsal. Er arbeitet als Musiker, Lyriker,
Lebenskünstler und Prozessanalytiker.

BRIGITTE KARIN BECKER
geboren 1959 in Göttingen, verdient ihr Geld in einem
Softwareunternehmen. Ihre Ferien verbringt sie gern auf
Frachtschiffen, worüber sie auch ihr erstes Buch „Jeden Abend
Captain`s Dinner" geschrieben hat.

LISA BENDER
geboren 1965 in Bruchsal. Sie ist als Sozialpädagogin auch
im „echten" Leben immer wieder mit menschlichen Untiefen
konfrontiert. Vor zwei Jahren hat sie die Lust am Schreiben für sich
entdeckt und inzwischen bereits mehrere Kurzgeschichten verfasst.

CARIN CHILVERS
lebt in Stuttgart. Sie schreibt Kriminalromane, Thriller,
Kurzgeschichten und Hörspiele.

MONIKA DEUTSCH
geboren 1952 im Rheinland, verheiratet, absolvierte eine Lehre
zur Werkzeugmacherin und Techn. Zeichnerin, Weiterbildung
zur Maschinenbau-Technikerin. Sie war als Projektleiterin in der
Produktentwicklung tätig und studierte anschließend Geschichte
und Archäologie.Seit 2013 nimmt sie am VHS-Kurs ‚Die Kunst
des Schreibens' in Germersheim teil und veröffentlichte seitdem
mehrere Kurzkrimis. Zudem ist sie Mitglied der ‚Mörderischen
Schwestern'.

ANDREA GÄRTNER
geboren 1974 in Stade. Sie beendete 1998 ihr Studium der
Religionspädagogik an der Evangelischen Fachhochschule Hannover
mit einem Diplom und arbeitet seit 2000 als Diakonin. Sie lebt mit
ihrem Mann in Duingen.

CLAUDIA KONRAD
geboren 1965 in Göttingen. Sie ist als Autorin in den Genres
Krimi, schwarzer Humor, satirische Alltagsszenen sowie Motorrad-
Reisebücher zu finden.

USCHI GASSLER
geboren 1957 im oberfränkischen Kronach. Sie wohnt mit ihrer Familie im badischen Königsbach-Stein. Die gelernte Industriekauffrau arbeitet bei einem Kreditinstitut. Sie durchlief die Weltbild-Autorenschule und das Fernstudium Schule des Schreibens. Seit 2009 veröffentlicht sie Kurzkrimis und 2015 erschien ihr erster Roman „Gier ist dicker als Blut".

CORNELIA HÄRTL
geboren in Karlsruhe, aufgewachsen im Schwäbischen und seit vielen Jahren ansässig im Rhein-Main-Gebiet. Sie ist gelernte Hotelfachfrau, studierte Betriebswirtin und passionierte Autorin. Sie schreibt Fachartikel sowie, bisher überwiegend unter Pseudonym, Unterhaltungsliteratur, Krimis und erotische Geschichten.

JESSICA HALLIDAY
geboren 1977, lebt mit Mann und Sohn in der Südpfalz. Sie ist eigentlich Qualitätsmanagerin im Weinbau, aber Bücher sind ihre große Leidenschaft. Mit dieser Geschichte ist sie nun zum ersten Mal selbst kreativ geworden.

INES HECKMANN
geboren 1961 in Worms, lebt in Neuss. Das Schreiben ist ihr kreativer Ausgleich zum logisch strukturierten Beruf als Betriebswirtin. Seit 1996 veröffentlicht sie Kurzgeschichten, Gedichte, Sachartikel, Bücher und war bei Wettbewerben mehrfach unter den Besten.

RAIMUND HILS
geboren 1962 in Rottweil am Neckar. Er lebt seit 1987 in der Nähe von Kempten/Allgäu. Im Rahmen von Anthologien veröffentlichte er bereits zahlreiche Geschichten, die seine Liebe zur Natur und den kleinen Dingen dieser Welt spiegeln. Thematisch bewegt er sich in sozialkritischen und mythischen Bereichen. Dabei verwischt er oft die Grenzen zu anderen Welten auf rätselhafte Weise.

HELGA JURSCH
geboren 1960 in Hamburg. Sie verbrachte Kindheit und Jugend im Ausland, um schließlich auf der Schwäbischen Alb heimisch zu werden. Eine gewisse Rastlosigkeit lässt sie aber immer wieder aufbrechen, um die Welt zu erkunden, sowohl real als auch im Reich der Fantasie.

KURZBIOGRAFIEN
DER AUTORINNEN UND AUTOREN

KATHRIN POHL
geboren 1980. Sie studierte Grundschulpädagogik, wobei sie unter anderem lernte, mit Hilfe der Psychologie in die Köpfe anderer Menschen hineinzusehen. Diese Fähigkeit nutzt sie beim Schreiben von Romanen und Kurzgeschichten.

HEIDI-CHRISTINE KOCH
geboren 1977, lebt und arbeitet in Karlsruhe. Sie liebt die Natur, Tiere und das Meer.

SASKIA KRUSE
geboren 1974 im Norden NRWs, wo sie auch heute noch mit ihrem Mann lebt. Nach dem Studium der Germanistik und Anglistik zog es sie beruflich in die kaufmännische Richtung.

NINO DELIA
geboren 1988, studierte Literaturwissenschaft und arbeitet nun in der Universitätsverwaltung. Nebenberuflich ist er als Übersetzer tätig und arbeitet an seinem ersten Romanprojekt.

ASTRID PLÖTNER
geboren 1967 in Unna, wo sie heute mit ihrer Familie lebt. Die freischaffende Autorin war viele Jahre als Kauffrau im Einzelhandel tätig. Seit 2008 veröffentlicht sie Kurzkrimis in verschiedenen Anthologien. 2013 und 2014 wurde sie mit ihren Kurzgeschichten »Ausgemobbt« und »Mordsmasche« für den Agatha-Christie-Krimipreis nominiert.

CHRISTIANE ZARIQI & DIANA OHMANN
geboren 1966 und 1968 leben in Köln und arbeiten zusammen in der Medizintechnik. Beruflich haben sie schon diverse Artikel in internationalen Fachzeitschriften veröffentlicht. Privat lieben sie Krimis. Seit kurzer Zeit sind sie selbst als Autorinnen tätig. Ihre Kurzkrimis „Abgetaucht" und „Spiel mit dem Feuer" wurden beide bereits in Anthologien von Der Kleine Buch Verlag veröffentlicht.

WEITERE TITEL AUS DER
MORDSSERIE

GRETA WALLENHORST (HRSG.)
MORDSKÜCHE:
EISKALT UM DIE ECKE SERVIERT

| Broschiert,
192 Seiten
14,95 € (D)
ISBN: 978-3-942637-15-2

Essen ist gefährlich! Kochen auch.
Prickelnde, packende Unterhaltung mit den anrührend, gruselig oder verwegen mörderischen (Kurz-)Geschichten rund ums Essen. Mit dem Blick für das Besondere zusammengestellt, zeigen sie die ganze Bandbreite spannender Krimi-Unterhaltung. Besonderes Schmankerl: „Hackfleisch" von Regina Schleheck, Preisträgerin des Friedrich-Glauser-Preises 2013 in der Kategorie Kurzkrimi.
Wer dieses Buch gelesen hat, wird eine Einladung zum Essen mit ganz anderen Augen sehen ...

GRETA WALLENHORST (HRSG.)
MORDSURLAUB:
MÖRDERISCHE SEEN(N) UND EISKALTE BERGE

Sommer – Sonne ... Mord?
Was haben eine Bar unter südlicher Sonne, eine idyllische
Hütte in den Bergen und ein pittoresker Hafen im nordischen
Schnee gemeinsam? In diesem Buch vor allem eines: Hier er-
eignet sich Unvorhergesehenes, Unwiderrufliches, manchmal
gar Unerklärliches!
Ob bei einer mitternächtlichen Bootstour, beim romantischen
Date mit dem Barkeeper oder beim geselligen Campen mit
dem besten Freund – hier wartet das Grauen.
Sie wollten schon immer mal nach Italien, Island oder in die
Südsee? Reisen Sie mit! Doch Vorsicht:
Was als Traum beginnt, kann als Albtraum enden – zumindest
in diesen Kurzkrimis.

| *Broschiert*
188 Seiten
14,95 € (D)
ISBN: 978-3-942637-20-6

GRETA WALLENHORST (HRSG.)
MORDSSCHULE:
WENN PAUKER MORDEN UND SCHÜLER LYNCHEN

| Broschiert,
192 Seiten
14,95 € (D)
ISBN: 978-3-942637-46-6

Dass Pauker morden und Schüler lynchen ...
... ist doch eigentlich eine logische Folge aus Aktion und Reaktion. Und was logisch ist, ist auch erforderlich – das jedenfalls legen die in „MordsSchule" enthaltenen 17 Kurzkrimis
nahe. Fantasievoll und ganz ohne den von Lehrern attestier-
ten Mangel an Ehrgeiz werden die unterschiedlichsten Mord-
arten erdacht, vorbereitet und ausgeführt. Volle Punktzahl
wäre jedem von ihnen sicher!

Weitere Krimis erschienen bei

Der Kleine Buch Verlag

Krimis aus der Hexenküche
Kurzkrimis
ISBN 978-3-942637-08-4

Ein perfekter Abgang. Wein-Krimis
ISBN: 978-3-7650-8803-2
E-Book: ISBN 978-3-7650-2116-9

Retos Verdächtigung. Kriminalroman
ISBN 978-3-7650-8809-4
E-Book: ISBN 78-3-7650-2119-0

Dickau findet einen Toten. Kriminalroman
ISBN 978-3-7650-8810-0
E-Book: ISBN 978-3-7650-2120-6

Leere Augen. Stuttgart-Krimi
ISBN 978-3-7650-8807-0
E-Book: ISBN 978-3-7650-2120-6

Wut im Quadrat. Mannheim-Krimi
ISBN 978-3-7650-8800-1
E-Book: ISBN 78-3-7650-2101-5

Der Doktor und sein Fälscher. Mannheim-Krimi
ISBN 978-3-7650-8806-3
E-Book: ISBN 978-3-7650-2106-0

Mauerfall. Mannheim-Krimi
ISBN 978-3-7650-8802-5
E-Book: ISBN 978-3-7650-2113-8

Und die Schuld trägt deinen Namen. Kriminalroman
ISBN 978-3-7650-8805-6
E-Book: ISBN 978-3-7650-2105-3

Und ich bringe dir den Tod. Kriminalroman
ISBN 978-3-7650-8804-9
E-Book: ISBN 978-3-7650-2118-3

Dunkles Netz. Rhein-Neckar-Krimi
ISBN 978-3-7650-8813-1
E-Book: ISBN 978-3-7650-2112-1

www.derkleinebuchverlag.de